Heinz-Peter Röhr

Weg aus dem Chaos

Das Hans-mein-Igel-Syndrom oder
Die Borderline-Störung verstehen

Walter-Verlag
Zürich und Düsseldorf

Die Deutsche Bibliothek – CIP-Einheitsaufnahme

Röhr, Heinz-Peter:
Weg aus dem Chaos : das Hans-mein-Igel-Syndrom oder
Die Borderline-Störung verstehen / Heinz-Peter Röhr. – Zürich ;
Düsseldorf : Walter, 1996
ISBN 3-530-30010-1

Satz: Jung Satzcentrum GmbH, Lahnau
Druck und Einband: Clausen & Bosse, Leck
Printed in Germany
ISBN 3-530-30010-1

Für Frank, Michaela und Melanie

Inhalt

Vorwort

Der psychoanalytischen Forschung verschiedener Richtungen ist es in erster Linie zu verdanken, daß die globale Bedeutung der ersten Lebensmonate und -jahre für die Entwicklung der Persönlichkeit allgemein anerkannt ist. Störungen und gravierende Mangelerlebnisse, die in diesen sensiblen ersten Lebensphasen erfahren werden, haben Auswirkungen auf die seelische Gesundheit – nicht nur in der Kindheit, sondern sie verursachen bleibende Schäden. In letzter Zeit kommen immer mehr Patienten in ambulante oder stationäre Psychotherapie, die durch sogenannte «Frühstörungen» geprägt sind.

Eine solche Störung bildet sich in vielen Details im Märchen «Hans mein Igel» ab. Die Bezeichnung für die mittlerweile allgemein anerkannte, eigenständige Krankheit ist: *Borderline-Persönlichkeitsstörung*. Fachleute erwarten, daß diese Frühstörung zukünftig noch häufiger auftreten wird, und schon jetzt wird davon ausgegangen, daß 30–70% der Psychotherapiepatienten eine Borderline-Störung aufweisen.

Dieses Buch ist für alle geschrieben, die sich in dem Märchen «Hans mein Igel» und den dazugehörigen Deutungen wiederfinden. Es soll ihnen helfen, sich selbst besser zu verstehen; denn meist ist ihnen unerklärlich, warum sie mit sich selbst und ihrer Umwelt nicht zu Rande kommen. Sie finden keine Möglichkeit, sich zu verändern und weiterzuentwickeln. Nur zu oft, dies darf unterstellt werden, wurden sie auch von anderen nicht verstanden. Angehörigen und allen, die mit diesen Menschen leben und arbeiten, dürfte die Lektüre des Buches einen Zugewinn an Verständnis und Information über die Krankheit bringen. Es will ein Beitrag zur *Bibliotherapie* sein. Daher wurden im Anhang weitere Informationen zusammengestellt, die hauptsächlich für Betroffene, die ihre Störung vertieft zu verstehen suchen, für professionelle Helfer, aber auch für alle, die mit dem Problem konfrontiert sind, hilfreich sein können. Neben Fallbeispielen wird beschrieben, wie diese Menschen typische Lebenssituationen erleben. Der Selbsthilfe ist ein eigener Abschnitt gewidmet. Die Persönlichkeitsstörung wird aus einer eher fachlichen, jedoch allgemein verständlichen Sicht beschrieben, und schließlich werden wichtige Punkte für das therapeutische Vorgehen herauskristallisiert.

Zu beachten ist, daß es sich bei den wiedergegebenen Fallbeispielen um schwere Störungen handelt; die Patienten kamen aus diesem Grunde auch in stationäre Therapie. Die Übergänge zwischen *Gesund* und *Krank* sind bekanntlich fließend, und so gibt es natürlich viele Menschen, die weniger stark gestört sind und trotzdem einige Merkmale bei sich selbst finden, die an das *Hans-mein-Igel-Syndrom* erinnern. Jeder Mensch hat einen mehr oder weniger dicken «Igelpelz». Selbstverständlich wurden bei den geschilderten Fallbeispielen äußere Fakten so verändert, daß die Anonymität gewährleistet ist.

Ich möchte besonders den Patienten danken, die sich an meinem Projekt beteiligt haben. Sie waren bereit, mir offen auf meine Fragen zu antworten. Dies bezieht sich besonders auf die Schilderung verschiedener typischer Lebenssituationen im Anhang. Herzlich danken möchte ich dem leitenden Arzt der Fachklinik Fredeburg, Dr. Mario Wernado, der mich mit seiner profunden Sachkenntnis unterstützte. Ihm verdanke ich konstruktive Kritik und wichtige Anregungen. Nicht zuletzt danke ich meiner Frau Anna-Maria, die das Manuskript immer wieder las, korrigierte und mich mit kritischen Anmerkungen anspornte.

Bad Fredeburg, im Oktober 1995

Hans mein Igel

(Brüder Grimm: Kinder- und Hausmärchen, KHM 108)

*E*s war einmal ein Bauer, der hatte Geld und Gut genug, aber wie reich er war, so fehlte doch etwas an seinem Glück. Er hatte mit seiner Frau keine Kinder. Öfters, wenn er mit den anderen Bauern in die Stadt ging, spotteten sie und fragten, warum er keine Kinder hätte. Da ward er endlich zornig, und als er nach Haus kam, sprach er: «Ich will ein Kind haben, und sollt's ein Igel sein.» Da kriegte seine Frau ein Kind, das war oben ein Igel und unten ein Junge, und als sie das Kind sah, erschrak sie und sprach: «Siehst du, du hast uns verwünscht.» Da sprach der Mann: «Was kann das alles helfen, getauft muß der Junge werden, aber wir können keinen Gevatter dazu nehmen.» Die Frau sprach: «Wir können ihn auch nicht anders taufen, als Hans mein Igel.» Als er getauft war, sagte der Pfarrer: «Der kann wegen seiner Stacheln in kein ordentlich Bett kommen.» Da ward hinter dem Ofen ein wenig Stroh zurecht gemacht und Hans mein Igel daraufgelegt. Er konnte auch an der Mutter nicht trinken; denn er hätte sie mit seinen Stacheln gestochen. So lag er da hinter dem Ofen acht Jahre, und sein Vater war ihn müde und dachte: ‹Wenn er nur stürbe.› Nun trug es sich zu, daß in der Stadt ein Markt war, und der Bauer wollte hingehen, da fragte er seine Frau, was er ihr mitbringen sollte. «Ein wenig Fleisch und ein paar Wecke, was zum Haushalt gehört», sprach sie. Darauf fragte er die Magd, die wollte ein paar Toffeln und Zwickelstrümpfe. Endlich sagte er auch: «Hans mein Igel, was willst du denn haben?» «Väterchen», sprach er, «bring mir doch einen Dudelsack mit.» Wie nun der Bauer wieder nach Haus kam, gab er der Frau, was er ihr gekauft hatte, Fleisch und Wecke, dann gab er der Magd die Toffeln und die Zwickelstrümpfe, endlich ging er auch hinter den Ofen und gab Hans mein Igel den Dudelsack. Und wie Hans mein Igel den Dudelsack hatte, sprach er: «Väterchen, geht doch vor die Schmiede und laßt mir meinen Gockelhahn beschlagen, dann will ich fortreiten und nie wiederkommen.» Da war der Vater froh, daß er ihn loswerden sollte, und ließ ihm den Hahn beschlagen, und als er fertig war, setzte sich Hans mein Igel darauf, ritt fort, nahm auch Schweine und Esel mit, die wollt' er draußen im Walde hüten. Im Walde aber mußte der Hahn mit ihm auf einen Baum fliegen, da saß er und hütete die Esel und Schweine und saß lange Jahre, bis die Herde groß war, und sein Vater wußte nicht von ihm. Wenn er aber auf dem Baum saß, blies er seinen Dudelsack und machte Musik, die war sehr schön. Einmal kam ein König vorbeigefahren, der hatte sich verirrt und hörte die Musik. Da wunderte er sich darüber und schickte seinen Bedienten hin, er sollte sich einmal umgucken, wo die Musik herkäme. Er sah ein kleines Tier auf dem Baum sitzen, das war wie ein Gockelhahn, auf dem ein Igel saß, und der machte die Musik. Da sprach der König zum Bedienten, er sollte fragen, ob er nicht wüßte, wo der Weg in sein Königreich ginge. Da stieg Hans mein Igel vom Baum und sprach, er wolle den Weg zeigen, wenn der König ihm verschreiben und versprechen wollte, was ihm zuerst begegnete am königlichen Hofe, sobald er nach Hause käme. Da dachte der König: ‹Das kann ich leicht tun, Hans mein Igel versteht's doch nicht, und ich kann schreiben, was ich will.› Da nahm der König Feder und Tinte und schrieb etwas auf, und als es gesche-

*hen war, zeigte ihm Hans mein Igel den Weg, und er kam
glücklich nach Haus. Seine Tochter aber, wie sie ihn von
weitem sah, war voll Freuden, daß sie ihm entgegenlief und
ihn küßte. Da gedachte er an Hans mein Igel und erzählte
ihr, wie es ihm gegangen wäre und daß er einem wunder-
lichen Tier hätte sich verschreiben sollen, was ihm daheim
zuerst begegnen würde, und das Tier hätte auf einem Hahn
wie auf einem Pferd gesessen und schöne Musik gemacht;
er hätte aber geschrieben, es sollt's nicht haben; denn Hans
mein Igel könnt' es doch nicht lesen. Darüber war die Prinzessin froh und sagte, das wäre gut; denn sie wäre doch
nimmermehr hingegangen.*

*Hans mein Igel aber hütete die Esel und Schweine, war
immer lustig, saß auf dem Baum und blies den Dudelsack.
Nun geschah es, daß ein anderer König gefahren kam mit
seinen Bedienten und Läufern und hatte sich verirrt und
fand nicht mehr nach Haus, weil der Wald so groß war. Da
hörte er gleichfalls die schöne Musik von weitem und
sprach zu seinem Läufer, was das wohl wäre, er sollte einmal zusehen. Da ging der Läufer hin unter den Baum und
sah den Gockelhahn sitzen und Hans mein Igel obendrauf.
Der Läufer fragte ihn, was er da oben vorhätte. «Ich hüte
meine Esel und Schweine; aber was ist Euer Begehren?»
Der Läufer sagte, sie hätten sich verirrt und könnten nicht
wieder ins Königreich, ob er ihnen den Weg nicht zeigen
wollte. Da stieg Hans mein Igel mit dem Hahn vom Baum
herunter und sagte zu dem alten König, er wolle ihm den
Weg zeigen, wenn er ihm zu eigen geben wolle, was ihm zu
Haus vor seinem königlichen Schlosse als erstes begegnen
würde. Der König sagte «Ja», und unterschrieb sich dem
Hans mein Igel, er solle es haben. Als das geschehen war,
ritt er auf dem Gockelhahn voraus und zeigte ihm den*

Weg, und der König gelangte glücklich wieder in sein Reich. Wie er auf den Hof kam, war große Freude darüber. Nun hatte er eine einzige Tochter, die war sehr schön, die lief ihm entgegen, fiel ihm um den Hals und küßte ihn und freute sich, daß ihr alter Vater wiederkam. Sie fragte ihn auch, wo er so lange in der Welt gewesen wäre, da erzählte er ihr, er hätte sich verirrt und wäre beinahe gar nicht wiedergekommen, aber als er durch einen großen Wald gefahren wäre, hätte einer, halb wie ein Igel, halb wie ein Mensch, rittlings auf einem Hahn in einem hohen Baum gesessen und schöne Musik gemacht, der hätte den Weg gezeigt, er aber hätte ihm dafür versprochen, was ihm am königlichen Hofe zuerst begegnete und das wäre sie, und das täte ihm nun so leid. Da versprach sie ihm aber, sie wolle gern mit ihm gehen, wann er käme, ihrem alten Vater zuliebe.

Hans mein Igel aber hütete seine Schweine, und die Schweine bekamen wieder Schweine, und es waren ihrer so viel, daß der ganze Wald voll war. Da wollte Hans mein Igel nicht länger im Wald leben und ließ seinem Vater sagen, sie sollten alle Ställe im Dorf räumen; denn er käme mit einer so großen Herde, daß jeder schlachten könnte, der wollte. Da war sein Vater betrübt, als er das hörte; denn er dachte, Hans mein Igel wäre schon lange gestorben. Hans mein Igel aber setzte sich auf seinen Gockelhahn, trieb die Schweine vor sich her ins Dorf und ließ schlachten. Danach sagte Hans mein Igel: «Väterchen, laß mir meinen Gockelhahn noch einmal vor der Schmiede beschlagen, dann reit' ich fort und komme mein Lebtag nicht wieder.» Da ließ der Vater den Gockelhahn beschlagen und war froh, daß Hans mein Igel nicht wiederkommen wollte.

Hans mein Igel ritt fort in das erste Königreich, da hatte der König befohlen, wenn einer käme auf einem Hahn geritten und hätte einen Dudelsack bei sich, dann sollten alle auf ihn schießen, hauen und stechen, damit er nicht ins Schloß käme. Als nun Hans mein Igel dahergeritten kam, drangen sie mit den Bajonetten auf ihn ein, aber er gab dem Hahn die Sporen, flog auf, über das Tor hin zu des Königs Fenster, ließ sich da nieder und rief ihm zu, er sollt' ihm geben, was er versprochen hätte, sonst wollt' er ihm und seiner Tochter das Leben nehmen. Da gab der König seiner Tochter gute Worte, sie möchte zu ihm hinausgehen, damit sie ihm und sich das Leben rettete. Da zog sie sich weiß an, und ihr Vater gab ihr einen Wagen mit sechs Pferden und herrlichen Bedienten, Geld und Gut. Sie setzte sich ein, und Hans mein Igel mit dem Hahn und Dudelsack neben sie, dann nahmen sie Abschied und zogen fort, und der König dachte, er kriegte sie nicht wieder zu sehen. Es ging aber anders, als er dachte; denn als sie ein Stück des Wegs von der Stadt waren, da zog ihr Hans mein Igel die schönen Kleider aus und stach sie mit seiner Igelhaut, bis sie ganz blutig war, und sagte: «Das ist der Lohn für Eure Falschheit, geh hin, ich will dich nicht», und jagte sie damit nach Haus, und sie war beschimpft ihr Lebtag.

Hans mein Igel aber ritt weiter auf seinem Gockelhahn und mit seinem Dudelsack nach dem zweiten Königreich, wo er dem König auch den Weg gezeigt hatte. Der aber hatte bestellt, wenn einer käme wie Hans mein Igel, sollten sie das Gewehr präsentieren, ihn frei hereinführen, Vivat rufen und ihn ins königliche Schloß bringen. Wie ihn die Königstochter sah, war sie erschrocken, weil er doch gar zu wunderlich aussah, sie dachte aber, es wäre nicht anders, sie hätte es ihrem Vater versprochen. Da ward Hans mein Igel von ihr bewillkommt und ward mit ihr vermählt, und er mußte mit an die königliche Tafel gehen, und sie setzte sich zu seiner Seite, und sie aßen und tranken. Wie's nun Abend ward, daß sie wollten schlafen gehen, da fürchtete sie sich sehr vor seinen Stacheln; er aber sprach, sie sollte sich nicht fürchten, es geschehe ihr kein Leid, und sagte zu dem alten König, er solle vier Mann bestellen, die sollten wachen vor der Kammertür und ein großes Feuer anmachen, und wann er in die Kammer eingingе und sich ins Bett legen wollte, würde er aus der Igelshaut herauskriechen und sie vor dem Bett liegenlassen. Dann sollten die Männer hurtig herbeispringen und sie ins Feuer werfen, auch dabeibleiben, bis sie vom Feuer verzehrt wäre. Wie die Glocke nun elf schlug, da ging er in die Kammer, streifte die Igelshaut ab und ließ sie vor dem Bett liegen. Da kamen die Männer, holten sie geschwind und warfen sie ins Feuer; und als sie das Feuer verzehrt hatte, da war er erlöst und lag da im Bett ganz als ein Mensch gestaltet, aber er war kohlschwarz wie gebrannt. Der König schickte zu seinem Arzt, der wusch ihn mit guten Salben und balsamierte ihn, da ward er weiß und war ein schöner junger Herr. Wie das die Königstochter sah, war sie froh, und am anderen Morgen ward die Vermählung erst recht gefeiert, und Hans mein Igel bekam das Königreich von dem alten König.

Wie etliche Jahre herum waren, fuhr er mit seiner Gemahlin zu seinem Vater und sagte, er wäre sein Sohn; der Vater aber sprach, er hätte keinen, er hätte nur einen gehabt, der wäre aber wie ein Igel mit Stacheln geboren worden und wäre in die Welt gegangen. Da gab er sich zu erkennen, und der alte Vater freute sich und ging mit ihm in sein Königreich.

Mein Märchen ist aus,
und geht vor Gustchen sein Haus.

Einleitung

«Es war einmal...» – so fangen die meisten Märchen an. Es drängt sich damit der Gedanke auf, daß die Geschichte, die hier erzählt wird, in der Vergangenheit spielt. «Es war einmal...» ist jedoch keine Zeitangabe üblichen Zuschnitts, sondern ein Hinweis auf etwas anderes: Märchen, Mythen und Sagen sind zeitlos, das heißt, sie sind immer gültig und von einer übergeordneten Wahrheit, die sich der Ratio zunächst zu entziehen weiß, denn vieles ist unlogisch, magisch und unverständlich. Der Beginn «Es war einmal...» soll den Hörer in eine besondere Stimmung versetzen und ihn hineinleiten in eine fremde und trotzdem vertraute Welt. Märchen kommen tief aus der Seele eines Volkes. Fragt man nach ihren Ursprüngen, dann kann man sagen, daß sie wohl zunächst einmal erzählte Träume waren – große Träume – oder Imaginationen. Sie lassen sich deshalb in kaum veränderter Form weitererzählen, weil sie offensichtlich in vielen Mitgliedern eines Gemeinwesens etwas Wichtiges anrühren und ansprechen. Nur so ist es zu verstehen, daß Märchen ihre Gestalt trotz mündlicher Überlieferung kaum veränderten. In ihnen drückt sich etwas aus, was als eine übergeordnete Wahrheit und Gültigkeit angesehen werden kann. Sie sind somit eine Quelle weiser Einsichten und Erkenntnisse.

Seit einigen Jahren finden Märchen sehr zu Recht auf eine neue Art Beachtung. Tiefenpsychologische Autoren haben sie für die Psychotherapie (wieder-)entdeckt. Märchen lassen tiefe Einblicke in die menschliche Seele zu und weisen damit einen, wie mir scheint, neuen Weg zum allgemeinen und speziellen Selbstverständnis der Menschen und ihrer Probleme. Wer sie liest oder erzählt bekommt, wird auf tiefe Weise von den Bildern und Handlungen angesprochen, denn den tiefen Schichten der

Seele – dem sogenannten kollektiven Unbewußten, das allen Menschen gemeinsam ist – sind diese Bilder vertraut. Das bedeutet, daß alle Menschen in der Tiefe durch einen gemeinsamen Erfahrungsschatz miteinander verbunden sind, der sich in Bildern ausdrückt. Märchen haben eine nicht zu überschätzende Bedeutung: *Sie sind die Antwort der Seele auf Probleme der Menschen, die in einem Gemeinwesen leben.* Im Märchen lassen sich Schritt für Schritt die Lösungswege erschließen, die die Seele für Heilung und Erlösung als geeignet ansieht. Daher ist es äußerst sinnvoll, sich der Weisheit der Märchen zu bedienen und sich von den Wahrheiten, die sich auftun, einnehmen zu lassen. Darüber hinaus sprechen Märchen die Sprache des Unbewußten, da sie sich in einer Bildersprache ausdrücken.

Die Traumforschung betont nachdrücklich die Bedeutung der Träume für die seelische Gesundheit. Nicht alle Träume zeigen eine gute Lösung auf; manche übersteigern den Konflikt, damit er dem Träumer bewußt wird. Jeder hat schon einmal die Erfahrung gemacht, daß sein Traum für einen Konflikt keine Lösung fand, und ein Alptraum brachte ihn zum Erwachen. Ebenso wie Träume in Form dramatischer Inszenierung einen Konflikt des Schläfers bearbeiten, sind auch Märchen dramatische Inszenierungen, allerdings immer mit einem Happy-End. Spiralförmig bewegen sie sich auf eine Lösung zu.

Märchen sind in der Lage, tiefe Schichten der Persönlichkeit anzusprechen – besonders wenn die innerseelische Problematik des Betroffenen sich mit der Thematik, die im Märchen bearbeitet wird, deckt. Die Erfahrungen, die ich mit Märcheninterpretationen in der Psychotherapie machen konnte, haben mich von ihrer Wirksamkeit für den therapeutischen Prozeß überzeugt. Das Märchen «Hans mein Igel» sprach mich in besonderer Weise an, denn schon bald wurde mir klar, daß sich hier eine Persönlichkeitsstörung abbildet, unter der viele meiner Patienten leiden. Die Klinische Psychologie, deren Aufgabe es ist, seelische Störungen zu erkennen und zu behandeln, hat in den letzten Jahren sogenannte Frühstörungen immer deutlicher beschreiben können, da immer mehr Menschen davon betroffen sind und Hilfe suchen. Im Märchen «Hans mein Igel» läßt sich eine davon, die *Borderline-Persönlichkeitsstörung,* unschwer erkennen. Bei der Auseinandersetzung mit dem Märchen in den folgenden Kapiteln wird sich zeigen, daß alle wesentlichen Merkmale der Störung auftreten, zum Teil ausgedrückt in der Bildersprache des Märchens.

Die Therapie von Patienten, die diese frühe Störung in ihrer Persönlichkeitsstruktur aufweisen, ist besonders schwierig und belastet Therapeuten nicht selten bis an die Grenzen des Erträglichen. In meiner Arbeit mit solchen frühgestörten Patienten hat es sich bewährt, ihnen ihre Störung zu erklären. Eine gewisse Einsicht in die Problematik erleichtert und entlastet. Wer das Märchen versteht, versteht die Störung besser und wahrscheinlich viel tiefer, denn Märchen eignen sich hervorragend als Projektionsflächen. Wie auf einer Leinwand wird das Thema inszeniert. Betroffene identifizieren sich mit den handelnden Personen und werden bis in tiefe Schichten ihrer Persönlichkeit erreicht, da ihrem Unbewußten die «Sprache», die hier gesprochen wird, vertraut ist. Ein faszinierender Aspekt der Auseinandersetzung mit Märchen ist zudem, daß sich Richtlinien für die Therapie ableiten lassen, weil Wesentliches sich vom Unwesentlichen unterscheiden läßt.

Als erstes stellt sich die Frage: Welches sind die Bedingungen für die Therapie?

Das Drama

Das Drama eines Menschen beginnt mit dem Drama seiner Eltern. Dies ist die erste Feststellung, die übrigens aus vielen Märchen abgeleitet werden kann, so auch aus dem Märchen «Hans mein Igel». Das Drama der Eltern spiegelt sich immer mehr oder weniger im Leben eines Menschen. Eltern sind Übermittler des Erbgutes und üben – mit all ihren positiven und negativen Eigenschaften – starken Einfluß aus, besonders in den ersten Lebensjahren.

In «Hans mein Igel» hat der Vater ein Problem, genauer: zwei Probleme. So ist es schon ein Fluch für einen Bauern, wenn er keine Kinder hat, besonders, wenn sonst alles vorhanden ist, Geld und Gut. Wem soll er alles vererben? Wer sorgt für ihn, wenn er alt geworden ist? Wie sehr würde er sich an den heranwachsenden Kindern freuen! In der bäuerlichen Gesellschaft sind Erben von immenser Bedeutung – da, wo mitunter geheiratet wird, allein, um das Vermögen zu erweitern und zu sichern. Besonders männliche Erben bedeuten, daß das Vermögen in der Familie bleibt, denn so leben der Name und die Tradition der Familie weiter. Die Kinderlosigkeit ist daher eine wichtige Quelle der Unzufriedenheit und der wirklichen Not des Bauern. Dauert der Zustand der Kinderlosigkeit weiter an, wird die Lage immer schwieriger. Daß das Problem lebensbestimmend werden kann, sehen wir an Paaren, die sich nach einem Kind sehnen. Sie haben mitunter kein anderes wichtiges Thema als dieses. Tag und Nacht drehen sich ihre Gedanken um eine eventuelle Schwangerschaft. In unserer Zeit hat die Medizin immer kompliziertere Methoden und Verfahren zur Verfügung gestellt, um eine mögliche Unfruchtbarkeit zu beheben. Meist sind es die Frauen, die sich mitunter extrem schmerzhaften Prozeduren und Operationen unterziehen, nicht selten ohne Erfolg. Da die Beteiligten so viel Energie darauf verwenden, ist es kein Wunder, daß das Thema gefühlsmäßig stark aufgeladen ist. Nicht selten zerbrechen Beziehungen unter diesem immensen Druck.

Das Märchen schildert, wie der Bauer von den anderen Bauern gefoppt, auf den Arm genommen wird. Sie treffen ihn an einer besonders empfindlichen Stelle, indem sie fragen, warum er keine Kinder habe. – Eine deutliche Anspielung auf seine männliche Potenz! Das trifft ihn bis ins Mark. Dieses, sein zweites Problem, ist für ihn mindestens so wichtig wie die Kinderlosigkeit an sich. Er wird wütend und läßt sich zu einer irrwitzigen Forderung hinreißen: «Ich will ein Kind haben, und sollt's ein Igel sein!» Er bekommt einen Sohn, der ist oben wie ein Igel und unten wie ein Mensch. Die Bestürzung ist groß, und seine Frau erinnert sich sofort an den Ausspruch, zu dem sich ihr Mann im Zorn hinreißen ließ. Ihre Feststellung «Siehst du, du hast uns verwünscht» trifft zu, denn in der Tat hat sich der Bauer etwas Verkehrtes gewünscht. Kinder sind nicht dazu da, die Probleme der Eltern zu lösen. So verständlich die Not der Kinderlosigkeit auch ist, so sind Kinder immer um ihrer selbst willen auf der Welt. Sie sollen keine Beweise für männliche Potenz sein, und man soll sie nicht in irgendwelche vorgegebenen Schablonen pressen, zum Beispiel als Hoferben. Sie wollen geliebt werden, einfach so, wie sie sind, und nicht, um elterliche Minderwertigkeitsgefühle zu beheben. Das zeigt das Märchen eindringlich.

Stellen wir uns vor, was in dem Bauern vor sich ging, als er Hans mein Igel zum erstenmal sah! Hat er sich vorher sehnlichst einen Sohn gewünscht, dann wird ein Mann vom Zuschnitt des Bauern sich jetzt wünschen, überhaupt keinen Sohn zu haben. So ist es auch im Märchen, der Bauer wünscht sich sehnlich den Tod von Hans mein Igel.

Das Schicksal erteilt dem Bauern eine harte Lektion, die er jedoch nicht lernen oder akzeptieren will. Die Lektion würde etwa heißen: Sei zufrieden mit dem, was du hast – akzeptiere, daß du

nicht alles machen kannst – nimm die Dinge so, wie sie sind –
mach dich unabhängig von den Meinungen anderer!

Auf den ersten Blick scheint die Ironie des Schicksals wie zufäl-
lig, doch ist sie im Grunde folgerichtig. So ist es oft im Leben,
wenn Menschen glauben, daß die Seligkeit sich einstellt, wenn
ein bestimmter Wunsch in Erfüllung geht. Gier ist eine zerstörerische Energie, die in ihrer Bedeutung viel zu sehr unterschätzt
wird. Daher hat das Märchen recht, wenn es deren Folgen besonders drastisch darstellt.

Die Spaltung

Das Märchen bedient sich der Bildersprache, die die Sprache des Unbewußten ist. Wenn im Märchen zum Beispiel ein Kind auftritt, dann ist oft eine kindliche, unreife Persönlichkeit gemeint, die sich von der elterlichen Autorität und Fürsorge noch lösen muß und hineinwachsen soll in Eigenständigkeit und Unabhängigkeit, möglicherweise soll damit aber auch auf die Seite eines Menschen hingewiesen werden, die noch spontan und entwicklungsfähig ist und noch nicht so stark geprägt von den gesellschaftlichen Normen wie ein Erwachsener.

Wenden wir uns Hans mein Igel zu, so müssen wir uns fragen: «Was ist das für eine Person, die oben wie ein Igel und unten wie ein Junge aussieht?»; denn es ist klar, daß es in der Realität so etwas nicht gibt. Zunächst einmal ist die merkwürdige Gespaltenheit der Figur in zwei extrem verschiedene Hälften zu erkennen: oben die Igelhaut, die für Unberührbarkeit, Aggression, Abwehr, für Archaisches und Tierhaftes steht, unten der kleine menschliche Junge, der für Aspekte steht wie bedürftig, zart, verletzlich. Beide Teile bilden in ihrer Gegensätzlichkeit eine starke Spannung. Bei der Begegnung mit Hans mein Igel fällt zunächst immer nur die Igelhaut auf, die die Gestalt dominiert. Der verletzliche, bedürftige und menschliche Teil wird nur zu leicht übersehen. Auf die Realität übertragen heißt dies, daß bei Menschen mit dem Hans-mein-Igel-Syndrom zuerst die abwehrende, oft aggressive Seite wahrgenommen wird, während die zarte, verletzliche Seite versteckt ist.

Es gibt mittlerweile viele wissenschaftlich gut fundierte Beweise dafür, daß bereits im Mutterleib Einfluß auf das werdende Leben genommen wird. Nicht nur über die Nabelschnur hat der Embryo Anteil an den Gefühlen der Mutter. Er spürt zum Beispiel auch, ob ihr Herz ruhig oder aufgeregt schlägt, ob sie sich hektisch oder harmonisch bewegt. So ist es nicht unwichtig, wie die Mutter zu ihrer Schwangerschaft steht. Lehnt sie das werdende Kind ab, oder ist sie in freudiger Erwartung? Wie steht sie zum Vater des Kindes? Wie ist die Beziehung zu ihm? Wie steht der Vater zu dem Kind? Unabweisbar würde eine Ablehnung, die die werdende Mutter dem Vater, dem Zeuger ihres Kindes, entgegenbringt, auch die Ablehnung des werdenden Kindes bewirken. Was das im Extremfall bedeuten kann, wird an den Kindern deutlich, die während des Krieges in Ex-Jugoslawien nach der Vergewaltigung kroatischer und bosnischer Frauen durch serbische Soldaten geboren wurden. Niemand will sie, sie werden ausgesetzt und abgelehnt. Die Wahrscheinlichkeit, daß hier viele Hans-mein-Igel-Syndrome entstehen, ist sehr groß. Die Folgen der Ablehnung dieser Kinder werden trotz der Bemühungen von Hilfsorganisationen, die versuchen, das Notwendigste für sie zu tun, verheerend sein. Seelische Krankheit, Selbsthaß, Kriminalität und ausgerechnet Terrorismus werden vielen dieser Kinder nicht erspart bleiben. Erwiesenermaßen treten bei unerwünschten Schwangerschaften viel häufiger Komplikationen auf als bei solchen, die erwünscht sind, beziehungsweise wenn die werdende Mutter sich in ihrer Rolle wohl fühlt, zufrieden und ausgeglichen ist.

Was Hans mein Igel betrifft, kann man sagen, daß er zwar sehnlichst erwartet wird, jedoch unter den falschen Vorzeichen. Er soll in erster Linie die Bedürfnisse des Vaters befriedigen. Da er dies nicht kann, sondern im Gegenteil durch seine bloße Existenz die Schamgefühle des Vaters verstärkt, erfährt er tödliche Ablehnung. Eine solche Ablehnung, die oft schon vor der Geburt stattfindet, aber auch nachher entstehen kann, wenn das Kind – wie Hans mein Igel – nicht dem Bild entspricht, das sich die Eltern von ihm gemacht haben, ist der Nährboden für eine psychische Problematik, die in ihren Grundzügen in der Realität immer wieder zu beobachten ist. So abgelehnte Menschen werden nicht selten wie Hans mein Igel im Märchen.

Die Gestalt von Hans mein Igel, wie sie sich bildlich darstellt, ist für das Verständnis des Märchens und der Borderline-Störung von zentraler Bedeutung. So, wie Hans mein Igel sich in zwei völlig verschiedenen Hälften präsentiert, finden wir auch im Leben von Menschen mit einer Borderline-Störung eine ausgeprägte Spaltung. Alles ist extrem: entweder ist etwas schwarz oder weiß. Ein Mensch ist gut, oder er ist böse, er wird idealisiert oder gnadenlos abgewertet. Zwischen beiden Polen ist kaum etwas vorhanden; denn die Zwischentöne, die Farben fehlen. Wie ein roter Faden zieht sich dieses Problem durch das Leben der Betroffenen. Es wirkt sich – besonders in Beziehungen – verheerend aus und gestaltet das Leben zu einem Chaos. In der Therapie wird es deshalb in erster Linie darum gehen, dieses Problem der Spaltung in Extreme zu bearbeiten.

Von Menschen, die eine solche frühe Ablehnung erleben mußten, geht auch im Verhalten eine merkwürdige Zwiespältigkeit aus. Sie sind bald hart, radikal und grenzenlos in ihren Forderungen, dann wieder weich, liebevoll und anrührend in ihrer Hilflosigkeit, ganz entsprechend dem Erscheinungsbild von Hans mein Igel.

Der Mangel

Hans mein Igel darf nicht in einem richtigen Bett schlafen, das bestimmt sogar der Pfarrer, der hier als moralische Instanz auftritt. Er gibt mit dieser Feststellung bekannt, daß es sich bei Hans mein Igel nicht um einen vollwertigen Menschen handelt. Hans mein Igel muß hinter dem Ofen schlafen, dort, wo zum Beispiel ein Hund seine Schlafstelle hat. Auch darf er nicht an der Mutter trinken, denn er würde sie mit seinen Stacheln verletzen. Damit wird deutlich, daß seine Grundbedürfnisse wie Körperkontakt, liebevolle Zuwendung, das Gefühl, willkommen und geborgen zu sein, nicht befriedigt werden. Die Bedeutung, die eine solche frühe Ablehnung für die Persönlichkeitsentwicklung eines Menschen hat, kann kaum überschätzt werden.

In der Psychologie steht der Begriff *Urvertrauen* dafür, daß ein Mensch sich mit allen Fasern seiner Existenz geborgen fühlen kann. Besonders im ersten Lebensjahr ist er auf dieses Gefühl der Sicherheit sehr angewiesen; wird es ihm nicht vermittelt, wird sein ganzes Leben davon geprägt sein. Der Glanz in den Augen der Mutter, wenn sie ihr Neugeborenes anschaut, ist ein wunderbares Bild dafür, daß dieses Kind geliebt und unbedingt willkommen ist. Das alles muß Hans mein Igel vermissen.

Die Entwicklungspsychologie beschreibt die Vorgänge, die für eine gesunde psychische Entwicklung erforderlich sind. Es ist demnach von immenser Bedeutung, daß Mutter und Kind gleich nach der Geburt eine möglichst enge Verbindung behalten. Sie müssen quasi eine Einheit bilden, so daß sich das Kind mit der Mutter wie eine Person erlebt. Ideal ist das Vorgehen der Naturvölker, bei denen Kleinkinder ständig auf dem Rücken der Mutter getragen werden. So spürt der Säugling immer ihre unmittelbare Nähe. Der Fachausdruck für diese überaus enge und notwendige Beziehung zwischen Mutter und Kind ist *Symbiose*. Die völlige Abhängigkeit des Säuglings und Kleinkindes von der Mutter kann nur dadurch angemessen beantwortet werden, daß diese ständig für das Kind präsent ist. Für seine körperliche Entwicklung benötigt es Nahrung, Pflege, Wärme. Für die seelische Zufriedenheit braucht es liebevolle Zuwendung, Hautkontakt in Form von Streicheln; es will die Mutter fühlen, riechen und schmecken. Zunächst ist es nur in der Lage, zwischen Lust und Unlust zu unterscheiden. Lust machen in erster Linie Saugen und zufriedene Sattheit, aber auch freundlicher Kontakt und Gestreicheltwerden. Unlust wird hervorgerufen durch Hungergefühle, Schmerzen und das Gefühl, von der Mutter (oder einer anderen Bezugsperson) getrennt zu sein. Gesunde Säuglinge reagieren auf Mangelerlebnisse mit Wut, welche sich in wütendem Schreien äußert.

Wenn das Kind größer wird, laufen gelernt hat, wird es sich vorsichtig von der Mutter entfernen, um dann wieder ihre Nähe zu suchen, wenn es zum Beispiel Angst empfindet. Die Mutter soll ihm sofort die Sicherheit ihrer Nähe zur Verfügung stellen, damit es mit diesem beruhigenden Gefühl erneut auf Entdeckungsreise gehen kann. So erweitert es allmählich seinen Aktionsraum und lernt, immer unabhängiger zu werden. Während es sich zunächst mit der Mutter völlig identifiziert, noch kein eigenes Ich entwickelt hat, wird es mit zunehmender Reife erleben, daß es eine eigenständige Person ist. Ein kleines Kind sagt: «Hans hat seine Spielsachen aufgeräumt», und meint dabei sich selbst. Ein entscheidender Schritt ist vollzogen, wenn es sagt: «Ich habe meine Spielsachen aufgeräumt.» Dann hat es seine eigene Identität entdeckt und erlebt sich selbst als unterschieden von seiner Mutter.

Nach Meinung vieler Fachleute entsteht die Borderline-Störung, die wir *Hans-mein-Igel-Syndrom* nennen wollen, in der Lebensphase, in der die Mutter mit dem Kind diese notwendige Symbiose eingehen sollte. Da sie dem Kind dieses sichere Gegenüber nicht bieten kann, im Gegenteil ihre eigenen Schwierigkeiten in das Kind hineinprojiziert, bleibt es mit seiner existentiellen Angst und Unsicherheit allein.

Hans mein Igel wird seine Eltern, die ihn nicht haben wollen, wie eine ständige Bedrohung seiner Existenz erleben. Er wird hinter dem Ofen versteckt, ist unerwünscht und muß sich möglichst unauffällig verhalten, damit nicht noch Schlimmeres passiert. Neben der Tatsache, daß ihm – durch die mangelhafte Versorgung mit Zuneigung, Streicheln und liebevoller Aufmerksamkeit – das Gefühl, willkommen zu sein, fehlt, wird vor allem *Angst* das Grundgefühl sein. Das kleine Kind, welches dieser Situation völlig ausgeliefert ist, hat nur eine Möglichkeit, diese ständige Bedrohung zu bewältigen: Es kann die Angst zumindest zeitweise *abspalten,* so daß sie nicht mehr spürbar ist. Die Angst ist zwar nicht wirklich verarbeitet, da die Bedrohung der Existenz weiter andauert, doch die Erleichterung, daß die Angst verschwunden ist, hat sich zunächst eingestellt. Im Unbewußten aber wirkt die Angst weiter und drängt mit Gewalt an die Oberfläche. Sie gewinnt eine explosive Sprengkraft, die sich immer wieder in zerstörerische Energie umwandelt, die der Betroffene gegen sich oder andere richtet. Er findet kein Gleichgewicht und bleibt innerlich instabil.

Alle nun folgenden Entwicklungsphasen sind durch die frühe Störung beeinträchtigt und können nicht unbeschwert durchlaufen werden. In der nächsten Entwicklungsphase, der «Trotzphase», will das Kind seine eigene Identität erleben, sich gegen Eltern und Erzieher durchsetzen. Die Trotzphase bei Hans-mein-Igel-Kindern ist meist extrem, da jetzt das Kind seine Sicherheit darin sucht, sich mit seinen Forderungen durchzusetzen. Es versucht, die Mutter oder die Erzieher zu beherrschen, sie zu unterwerfen («Wenn ich die Mutter beherrsche, dann kann ich sie nicht mehr verlieren»). Dieses Muster wird sich wie ein roter Faden durch alle Beziehungen fortsetzen.

Kinder, die abgelehnt werden, sind häufig auf eigentümliche Weise aggressiv oder depressiv. Es gibt zwei Richtungen, in die sich die Aggressionen kanalisieren. Einmal kann es sein, daß diese Kinder die Aggressionen gegen sich selbst richten, oder aber sie richten sie gegen andere, also nach außen. In Heimen werden immer wieder Kinder beobachtet, die mit ihrem Kopf gegen die Wand schlagen wollen, um nur eine Form der Selbstaggression zu nennen. Man muß sie vor sich selbst schützen, indem sie zum Beispiel angebunden werden oder der Kopf gepolstert wird. Richten Hans-mein-Igel-Kinder ihre Aggression nach außen, ist es meist ein ständiges Auf-sich-aufmerksam-Machen. Sie sind hyperaktiv, ungesteuert und unberechenbar. Sinnlose Zerstörungswut und Gewalttätigkeiten werden als eine Art Entladung gegen die extreme innere Angst – die Angst vor Vernichtung – eingesetzt (im Falle von Hans mein Igel die Angst vor Vernichtung durch den Vater!). Dieses dauernde In-Aktion-Sein kann auch in der Weise verstanden werden, daß solche Kinder und später Erwachsene das ständige Provozieren, Agieren und Unruheerzeugen benutzen, um das innere Chaos und die Angst vor Vernichtung nicht zu spüren. Kinder, die frühe Ablehnung erfahren mußten, sind somit enorm anstrengend für Lehrer und Erzieher (und erfahren so nicht selten zusätzliche krasse Ablehnung!). Sie können sich nicht zu unabhängigen, freien und in sich selbst ruhenden, stabilen Persönlichkeiten entwickeln.

Was mit ihnen passieren muß, das beschreibt das Märchen in der ihm eigenen Sprache, dem wir uns wieder zuwenden wollen.

Die Kreativität

Der Bauer will in die Stadt auf den Markt einkaufen gehen und seinen Leuten etwas nach Hause bringen. Zuerst fragt er seine Frau nach ihrem Wunsch, dann die Magd und schließlich auch Hans mein Igel: «Was willst du denn haben?» Deutlicher kann er seine Geringschätzung kaum zeigen. In der bäuerlichen Gesellschaft hat der Hoferbe – der Hans mein Igel als Erstgeborener ist – immer einen besonderen Status. Keinesfalls kommen Hoferben hinter Mägden oder Knechten.

Hans mein Igel wünscht sich einen Dudelsack! Und wie von selbst gelingt es ihm, schöne Musik zu machen. Viele geniale Künstler waren und sind in ihrer Persönlichkeit tief gestört. So waren zum Beispiel van Gogh, Kafka, Dostojewski und Mozart Menschen, die massiv unter ihren seelischen Problemen litten. Genie und Wahnsinn liegen nicht selten eng beieinander. So zahlen die meisten Künstler für ihre Genialität einen hohen Preis. Sie berichten, daß sie mit ihren Werken das zum Ausdruck bringen wollen, worunter sie leiden. Mitunter ergießt sich der extreme innere Druck auch in exzessive Schaffenswut, dann folgen wieder Zeiten völliger Passivität und Depression. Wir beobachten einen Hang zu Extremen und Besessenheit in der Verfolgung von Ideen und Vorstellungen, worüber schon im Kapitel über Spaltung gesprochen wurde. Die dramatischen Lebensläufe vieler Künstler lassen sich tatsächlich besser verstehen, wenn zu erkennen ist, daß sie an einem Hans-mein-Igel-Syndrom litten.

Menschen wie Hans mein Igel haben oft guten Kontakt zu ihrem Unbewußten und damit Zugang zu den dort vorhandenen kreativen Energien. Besonders eindrucksvoll ist dies bei Musikern zu beobachten, die wie verschmolzen mit ihrem Instrument wirken und die Zuhörer unweigerlich in ihren Bann ziehen.

Kühle Distanz ist nicht möglich, die Wirkung ist zu intensiv. Sie beruht keinesfalls auf der erlernten Technik, die mit Präzision und Können vorgeführt wird, es ist der Urgrund der Persönlichkeit, der sich auftut und spürbar wird, dem man sich nicht entziehen kann.

In der Therapie habe ich immer wieder erlebt, daß Patienten, die sich in Hans mein Igel wiederfanden, selbst kreative Fähigkeiten besaßen. Forderte man sie beispielsweise auf zu malen, waren die Bilder oft sehr ausdrucksstark. Bei genauer Betrachtung fand sich in ihnen Wesentliches ihrer Persönlichkeit.

Die Musik, die Hans mein Igel für sich selbst macht, hat eine wichtige Bedeutung für ihn. Da er niemanden hat, mit dem er reden kann, «redet» er mit seinem Dudelsack. Der antwortet ihm auf seine Weise, und letztlich darf man unterstellen, daß die Musik eine tröstliche Wirkung auf sein Elend hat. Wenn er spielt, kann er sich vergessen, er geht förmlich in ihr auf.

An anderer Stelle heißt es im Märchen: «(Hans) war immer lustig.» Wie kann das sein, wenn er – abgesehen vom Trost, den ihm zeitweise seine Musik bringt – nicht Mittel findet, seinen Schmerz zu betäuben?

Die Flucht

Viele Jugendliche flüchten aus dem Elternhaus, obwohl sie die Reife für ein eigenständiges Leben noch nicht entwickelt haben. Sie flüchten, weil sie glauben, die Situation in der Familie nicht mehr aushalten zu können. Dabei können die Lebensbedingungen tatsächlich krankmachend und extrem ungünstig sein, zum Beispiel, wenn einer oder beide Elternteile suchtkrank sind.

Bei Hans mein Igel sind die Bedingungen in der Familie tatsächlich zum Flüchten! Das tut er auch – allerdings bittet er zuvor den Vater, ihm seinen Hahn vor der Schmiede beschlagen zu lassen; dann wolle er fortreiten und nie wiederkommen. Hier stellt sich die Frage, was es mit diesem Hahn auf sich hat. Um dies zu beantworten und seine Bedeutung nachzuvollziehen, ist es wichtig, sich daran zu erinnern, daß der Hahn im Märchen symbolisch zu verstehen ist. Wenn man sich die Mühe macht, das Schauspiel auf einem Hühnerhof zu beobachten, auf dem ein Hahn in Amt und Würden residiert – in der heutigen Zeit ist die Möglichkeit dazu leider selten geworden –, dann wird deutlich, worum es geht. Der Hahn verkörpert unzweifelhaft den *Stolz!*

Mir selbst ist die Bedeutung, die Stolz haben kann, bei der Auseinandersetzung mit diesem Märchen wesentlich deutlicher geworden. Von Stolz wird meist mit einem mehr oder weniger negativen Beigeschmack gesprochen; daß er auch eine wichtige, mitunter lebensrettende Funktion haben kann, wird oft übersehen.

Ich erinnere mich an eine Fernsehreportage über die Straßenkinder von São Paulo. Allein in dieser brasilianischen Stadt leben nach offiziellen Schätzungen zwischen 30 000 und 40 000 Kinder und Jugendliche obdachlos auf der Straße. Sie leben von Stehlen und Betteln, wobei eines ihrer wichtigsten Utensilien ihre

Leimfläschchen sind, an denen sie schnüffeln, um sich zu betäuben und auch, um so ihren Hunger zu unterdrücken. Mitunter fügen sie sich gegenseitig Schmerzen und Verletzungen zu, nicht wegen Streitigkeiten, sondern als Ausdruck ihrer gestörten Empfindungen. Sie fühlen sich leer und haben das Gefühl, daß ihre Körperteile nicht zu ihnen gehören. Die gegenseitigen Verletzungen dienen dem Versuch, sich selbst zu spüren. Abends fahren offene Lastwagen durch die Straßen – die Kinder, die nicht selten erst vier oder fünf Jahre alt sind, werden auf die Ladefläche deponiert und in einem Innenhof, der mit einer hohen Mauer umgeben ist, wieder «abgekippt». Morgens wird dann das Tor geöffnet, und die Kinder strömen wieder in die Straßen, wo sie hungern, betteln, stehlen und leiden. Immer wieder werden sie wie Freiwild von Todesschwadronen erschossen, die von Geschäftsleuten angeheuert werden. Ebenso brutal ist der Handel mit Organen dieser Kinder. Sie werden gefangen, man operiert die gesuchten Organe heraus, läßt sie wieder laufen oder tötet sie. Ihre Augen, Nieren usw. werden in den westlichen Ländern für viel Geld verkauft.

Ein Fernsehjournalist, der sich mit einer Gruppe dieser Kinder unterhielt, wollte wissen, ob sie sich nicht manchmal nach einer intakten Familie sehnten, wo für sie gesorgt würde, wo sie nicht zu hungern brauchten? Es kann sein, daß sie mangels eigenem Erleben keine rechte Vorstellung von dem haben konnten, wonach der Journalist fragte. Ihre Antwort war jedoch eindeutig: Die Gruppe der versammelten Kinder antwortete mit einem Lied – dem Lied der freien, stolzen Vagabunden der Landstraße, die ihre Freiheit und ihren Stolz für nichts anderes auf der Welt eintauschen würden!

Der Stolz ist für diese Kinder demnach von enormer Bedeutung. Menschen, die so hoffnungslos, alleingelassen, unerwünscht sind und so zurückgewiesen wurden, die auch für ihre Zukunft keine Perspektive haben, können sich nur in ihren Stolz retten oder sich selbst aufgeben und letztlich umbringen. Das Märchen hat daher völlig recht, wenn es Hans mein Igel auf einem Hahn flüchten läßt. Die Parallelen zu den unerwünschten Kindern in den Slumgebieten der ganzen Welt sind deutlich.

Der französische Dichter François Villon, der im 15. Jahrhundert gelebt hat, trifft wie kaum ein anderer die Stimmung der Szene in seiner «Ballade von den Vogelfreien»:

Vor vollen Schüsseln muß ich Hungers sterben,
am heißen Ofen frier ich mich zu Tod,
wohin ich greife, fallen nichts als Scherben,
bis zu den Zähnen geht mir schon der Kot.
Und wenn ich lache, habe ich geweint,
und wenn ich weine, bin ich froh,
daß mir zuweilen auch die Sonne scheint,
als könnte ich im Leben ebenso
zerknirscht wie in der Kirche niederknien...
ich, überall verehrt und angespien.

Nichts scheint mir sicherer als das nie Gewisse,
nichts sonnenklarer als die schwarze Nacht.
Nur das ist mein, was ich betrübt vermisse,
und was ich liebte, hab ich umgebracht.
Selbst wenn ich denk, daß ich schon gestern war,
bin ich erst heute abend zugereist.
Von meinem Schädel ist das letzte Haar
zu einem blanken Mond vereist.
Ich habe kaum ein Feigenblatt, es anzuziehn...
ich, überall verehrt und angespien.

Ich habe dennoch soviel Mut zu hoffen,
daß mir sehr bald die ganze Welt gehört,
und stehn mir wirklich alle Türen offen,
schlag ich sie wieder zu, weil es mich stört,
daß ich aus goldnen Schüsseln fressen soll.
Die Würmer sind schon toll nach meinem Bauch,
ich bin mit Unglück bis zum Halse voll
und bleibe unter dem Holunderstrauch,
auf den noch nie ein Stern herunterschien,
François Villon, verehrt und angespien.

35

Wer sich mit der Biographie des Dichters auseinandersetzt, erkennt bald das Hans-mein-Igel-Syndrom. François Villon, verehrt und angespien: Die Spaltung wird in dieser letzten Zeile wie ein Markenzeichen der Persönlichkeit zum Ausdruck gebracht. Die Ballade hat natürlich autobiographische Züge, sonst wäre sie wohl nie geschrieben worden. Aus ärmlichen Verhältnissen stammend, in den ersten Lebensjahren nicht selten vom Hungertod bedroht, lernt Villon, sich mit Stehlen und kleinen Gaunereien über Wasser zu halten. Ein Geistlicher erkennt die überdurchschnittliche Intelligenz des Kindes und verschafft ihm eine Ausbildung an der Universität. Villon erreicht einen Magistergrad und lebt fortan in zwei Welten. Einerseits will er immer wieder seinem Gönner ein angepaßter Zögling sein, der seine überdurchschnittlichen Begabungen nutzt, andererseits verfällt er zunehmend sexuellen und alkoholischen Exzessen. Mehrfach wird er straffällig; in ständiger Auflehnung und Opposition zu Adel und höheren Schichten der Bevölkerung zieht er das «Lotterleben» vor. Nach einer Intrige, bei der ihm das Gericht einen Mordversuch unterstellt, wird er gehängt.

Stolz ist bei vielen Formen der Unzulänglichkeit, die jemand bei sich selbst beobachtet, von Bedeutung. Ein wohlhabender Mensch, der alles hat, sich alles kaufen kann, ist dadurch gesellschaftlich anerkannt und entwickelt aus dieser Position weniger «verkehrten» Stolz. Fehlt ihm etwas, kann er dafür sorgen, daß er es bekommt, meist kann er es sich kaufen. Verstecken muß sich, wer nicht in das gesellschaftlich anerkannte Bild paßt. So fühlen sich seelisch Kranke, Alkoholiker, Süchtige und behinderte Menschen oft genötigt, so zu tun, als wären sie in Ordnung und der Norm entsprechend. Nicht selten bitten sie aus lauter Scham und falsch verstandenem Stolz nicht um Hilfe.

Hans mein Igel flüchtet vor seinem Vater, läßt sich nicht in eine Depression fallen. Er nimmt Esel und Schweine mit, die er im Walde hüten will. Seine Haltung ist nicht Resignation, sondern Kampf und Auseinandersetzung. Er will dem Vater zeigen, was in ihm steckt.

Menschen mit dem Hans-mein-Igel-Syndrom, die mir in der Therapie begegneten, hatten nicht selten eine starke Beziehung zum Wald. Einer beschrieb dies so: «Nachts bin ich heimlich aus dem Kinderheim ausgebrochen und habe mich im Wald versteckt. Dort habe ich die Sterne beobachtet. Manchmal wäre ich fast erfroren – ich habe es aber immer wieder getan.» Das Bild, welches sich hier bietet, ist vor allem ein Bild für einen inneren Rückzug, die innere Emigration in eine Einsamkeit des Nichtverstandenwerdens. «Niemand versteht mich» ist eine häufige, trotzige Aussage von Menschen wie Hans mein Igel.

Das schmerzhafte Gefühl des Ausgestoßenseins, des Nichtverstandenwerdens führt zu Selbstablehnung, tiefem Mißtrauen und zur Ablehnung anderer Menschen. Nicht selten suchen Menschen wie Hans mein Igel intensiven Kontakt zu Tieren. Diese haben für sie einen weit höheren Stellenwert als Menschen, meist auch einen höheren als sie selbst. «Für mich waren meine Hunde mein ein und alles. Selbst wenn es mir schlecht ging, habe ich dafür gesorgt, daß sie nur das Beste bekamen, auch wenn ich dafür hätte hungern müssen.» Zu sehr von Menschen und sich selbst enttäuscht, scheinen Tiere das einzig verläßliche Gegenüber zu sein. So ist es auch bei Hans mein Igel, dem die Eltern keine sichere, warmherzige Atmosphäre bieten. Der Hahn, mit dem er wie verwachsen scheint, ist ein Ersatz für das, was die Eltern ihm nicht geben konnten. Seine Bedeutung darf nicht unterschätzt werden, denn der Gockelhahn dient der emotionalen Stabilität, dem Sicherheitsgefühl außerordentlich und hilft überleben.

An dieser Stelle überspringen wir die Begegnungen mit den Königen im Wald, da es günstiger erscheint, sie im Zusammenhang mit den Vorgängen an den jeweiligen Königshöfen zu untersuchen.

Die Leistung

Zuneigung für Leistung: der heimliche Wahnsinn unserer Gesellschaft! In der Leistungsgesellschaft wird der Mensch wesentlich nach seinen Leistungen eingeschätzt, beurteilt, auf- oder abgewertet. Die bäuerliche Gesellschaft war ebenfalls eine Leistungsgesellschaft, in der demjenigen Bauern das höchste Ansehen und der größte Respekt entgegengebracht wurde, der die größte Ernte und das meiste Schlachtvieh sein eigen nennen konnte.

Unterschwellig fühlen sich fast alle Mitglieder in der Leistungsgesellschaft angetrieben, etwas zu leisten. Fast alle sind davon überzeugt, daß ein Mensch nur von der Leistung her – so die Aussage eines Betroffenen – seine Daseinsberechtigung ableiten kann, daß er sich nur so wichtig und wertvoll erleben darf, wie seine Leistung und sein Besitz Beachtung finden bei seinen Zeitgenossen.

Bei einem Menschen wie Hans mein Igel, der unter einer extremen Selbstwertproblematik leidet, ist es verführerisch, das, was in seinem Innern so sehr nach Befreiung schreit, durch eigene Leistung, durch Arbeit und Anstrengung zu erreichen. Dabei ist die Welt voller Menschen, die für ein bißchen Anerkennung viel mehr tun, als sie in Wahrheit zu tun bereit wären, wenn sie sich von ihren Erwartungen, für Leistung Zuwendung zu erhalten, lösen könnten. Wer will sich da ausschließen?

In der Psychotherapie begegnen wir den Problemen, die sich um Erkämpfen von Anerkennung und Liebe drehen, häufig. Das «Geliebtwerdenwollen» von den Eltern ist ein Grundbedürfnis jedes Kindes. Das Gefühl, von den Eltern nicht geliebt zu werden oder geworden zu sein, begleitet und quält viele Erwachsene bis an ihr Lebensende.

In der Therapie sind mir immer wieder Menschen begegnet, die völlig sinnlose Dinge taten, um die Zuneigung der Eltern zu erarbeiten. Ich erinnere mich an einen Mann, der sich von seiner Mutter abgelehnt fühlte. Diese Ablehnung erzeugte eine um so größere Sehnsucht nach ihrer Zuneigung. Als die Mutter alt und pflegebedürftig geworden war, sah er eine Chance darin, sie zu sich zu nehmen, zu pflegen, sich unentbehrlich zu machen und so die Zuneigung der Mutter zu gewinnen. Jetzt würde sie ihn achten und respektieren müssen – dies seine letzte Hoffnung! Natürlich wurde er erneut bitter enttäuscht; denn die Mutter hatte trotz ihres geschwächten Zustands immer nur Gedanken für seinen Bruder, an dem sie mit einer «Affenliebe» hing. Dieser besuchte sie zwar selten, aber wenn er kam, war es für die Mutter ein Festtag.

In dieser oder ähnlicher Form verlaufen Millionen Lebensläufe. Liebe zu suchen, da, wo sie nicht zu bekommen ist, verursacht immer starke Wutgefühle, die der Betroffene letztlich gegen sich selbst richtet. Es bilden sich regelrechte Teufelskreise: Jemand gibt, investiert, opfert sich, macht sich klein, paßt sich an, ordnet sich unter und versucht, es dem Gegenüber recht zu machen. Doch immer wieder muß er erleben, daß seine ganze Mühe umsonst war. Wird seine Anstrengung nicht mit Wertschätzung und Zuneigung belohnt, fühlt er sich elendig und leer. Die Folge werden Wut-, Ärger- und Haßgefühle sein, die mehr oder weniger zum Ausdruck gebracht werden. Vielfach werden diese Emotionen innerlich aufgestaut statt geäußert. Wenn die starken Wutgefühle an anderer Stelle ausgelebt werden, kann dies zwar erleichternd wirken, eine Lösung des Problems findet so jedoch nicht statt. Formen der Selbstabwertung stellen sich bei dem Betroffenen wie von selbst ein, nach dem Motto: «Ich bin ein Idiot, daß ich schon wieder alles für Y gemacht habe. Ich hätte es besser machen müssen, dann hätte ich Erfolg gehabt. Immer wenn ich von Y komme, habe ich das Gefühl, vor lauter Wut platzen zu müssen; ich bin aber zu feige, meine Meinung zu sagen, ich bin ein Versager.» Diese Gedanken haben schwerwie-

gende Folgen. Die Wirkung ist immer ein Verlust an Selbstwertgefühl, Selbstvertrauen und Durchsetzungskraft. Hier schließt
sich der Kreis: Jemand, der immer so oder ähnlich zu sich selbst
spricht, legt durch den Verlust von positiven Gefühlen für die
eigene Person den Nährboden dafür, daß er beim nächstenmal
wieder so handelt, wie er eigentlich nicht möchte. Wieder fühlt er
sich genötigt, seine Liebenswürdigkeit durch Leistung unter Be-
weis zu stellen. Letztlich bleibt eine Abhängigkeit von der Person, von der die Liebe erzwungen werden soll.

Herr F., ein Patient mit einem Hans-mein-Igel-Syndrom, sah die
Gelegenheit, die Zuneigung der Mutter zu gewinnen, endlich ge-
kommen, als diese mit ihrem Lebensgefährten große Schwierig-
keiten bekam. Er bot sich als Retter an, da er in der Lage war, die
Mutter vor den Aggressionen des Partners zu schützen. Immer
wieder setzte er sich für sie ein, um sie vor allem auch von der
Aussichtslosigkeit der Beziehung zu überzeugen. Tatsächlich litt
die Mutter unter der Willkür und den häufigen Wutanfällen
ihres Partners. Letztlich trennte sie sich aber nicht von ihm, son-
dern wurde vorwurfsvoll zu ihrem Sohn, der sich in ihren Augen
viel zu sehr in ihre Angelegenheiten mischte. Sie verstand nicht,
daß alle Handlungen von Herrn F. von dem Bedürfnis geleitet
wurden, die Mutter endlich «ganz» für sich zu gewinnen. Als er
sich erneut (in der Kindheit hatte es viele Zurückweisungen ge-
geben) abgelehnt fühlte, war seine Wut grenzenlos. Von da an
war ihm, wie er es später selbst ausdrückte, nichts mehr heilig. Er
verschaffte sich Vorteile, wo immer er sie erreichen konnte. Er
wurde kriminell, beging Raubüberfälle und Betrug.

Nicht selten werden Alkohol, Medikamente und Drogen eingesetzt, um Wut zu betäuben. Wird diese Form der vermeintlichen
Problemlösung immer wieder gesucht, kommt es häufig zur
Suchtkrankheit. Tatsächlich, so ist meine Erfahrung in der Therapie, gehört die oben geschilderte Problematik nicht selten mit
zum Hintergrund der Suchtkrankheit.

Hans mein Igel versucht, die Wertschätzung seines Vaters damit zu erkaufen, daß er etwas als Geschenk mitbringt, was in der bäuerlichen Gesellschaft vielleicht den höchsten Stellenwert hat: Alle im Dorf sollen soviel schlachten können, wie sie wollen. Die Leistung ist gigantisch! – So etwas hat es noch nicht gegeben! Eigentlich hätte er jetzt den Lohn der Anerkennung durch den Vater verdient. Doch weit gefehlt! Der Vater wünscht sich nur noch nachdrücklicher, daß Hans mein Igel aus seinem Leben verschwindet.

Betrachten wir die Szene genauer, dann wird deutlich, daß der Versuch, den Hans mein Igel hier unternimmt, zum Scheitern verurteilt ist. Welcher vernünftige Mensch kommt auf die Idee, seine ganze Habe zu verteilen? Der Erfolgreiche, Tüchtige würde doch wohl zunächst dafür sorgen, daß seine Güter sein eigen bleiben und weiter wachsen. Jemand, der alles verschenkt, macht sich lächerlich! Die Leute nehmen, was sie bekommen können, aber insgeheim lachen sie über Hans mein Igel. Er gewinnt keinen wirklichen Respekt. So muß der Vater sehen, wie sein Sohn sich der Lächerlichkeit preisgibt. Sein angeschlagenes Selbstwertgefühl erleidet eine neue Niederlage. Darum ist er nur zu gern bereit, den Hahn vor der Schmiede erneut beschlagen zu lassen, damit er Hans mein Igel loswird. Wieder muß dieser sich in seinen Stolz retten, indem er auf seinem Hahn fortreitet, denn auch er spürt die Niederlage wohl sehr heftig.

Das alles «Herschenkenwollen» ist im Grunde ein Akt der Liebe. Wir müssen davon ausgehen, daß es ein berechtigtes kindliches Bedürfnis ist, Liebe nicht nur von den Eltern zu empfangen, sondern den Eltern auch Liebe zu schenken. So spricht Hans mein Igel seinen Vater trotz aller Zurückweisung zärtlich mit «Väterchen» an. In der Lebenssituation, in der er von Anfang an war, hatte er nie eine Chance, seine Liebe bei den Eltern anzubringen, sie ihnen zu schenken. Man kann daher sagen, daß Menschen wie Hans mein Igel voller Liebe sind, ohne die Möglichkeit zu haben, sie in angemessener Weise weiterzugeben, denn die vielen tiefen Kränkungen haben allen Menschen gegenüber zu starkem Mißtrauen geführt. Wie sich zeigen wird, hat eine gestörte Beziehung zu den Eltern Auswirkungen auf die Beziehung zu allen anderen Menschen.

Hans mein Igel ist auf der Flucht vor dem Vater, sein Bedürfnis nach Wertschätzung, Zuneigung und Liebe ist jedoch durch die erneute Zurückweisung noch größer geworden. Endgültig hat er verstanden, daß das, was er sucht, von seinem Vater nicht zu bekommen ist. Schmerzlich mußte er verstehen lernen, daß man Wertschätzung nicht mit Leistung erarbeiten kann. Trotzdem ist der brennende Wunsch nach Erfüllung und Angenommenwerden da.

Hieraus entwickelt sich ein entscheidendes Problem, welches einer näheren Untersuchung bedarf: Wie wir im Märchen sehen, sitzt der Stachel der Ablehnung tief, und Hans mein Igel versucht zunächst mit allen Mitteln, die Zuneigung und Wertschätzung des Vaters zu erlangen. Da dies nicht gelingt, geht er andere Wege. Dies bedeutet jedoch nicht, daß sein Konflikt mit dem Vater beendet ist. Im Gegenteil: Innerlich lebt dieser Konflikt weiter und schreit nur um so stärker nach einer Lösung. Hans mein Igel will endlich Anerkennung, koste es, was es wolle! Man kann auch sagen, daß enorme Energie vorhanden ist in Form eines inneren Drucks, der antreibt: antreibt, das Problem zu lösen.

In der Psychotherapie hat sich der Begriff *Projektion* für ein Phänomen etabliert, das hier eintreten wird. Projektion meint, daß jemand sein inneres Problem nach außen projiziert, wie auf eine Leinwand. Er inszeniert es immer wieder mit wechselnden Schauspielern. Wenn die Anerkennung vom Vater nicht erlangt wurde, so wird zum Beispiel der Vorgesetzte derjenige sein, von dem die Anerkennung erdient, erkauft, erzwungen werden soll: Der Vater wird auf ihn projiziert.

Mit an Sicherheit grenzender Wahrscheinlichkeit wird sich der Konflikt wiederholen, den Hans mein Igel mit seinem Vater hat. Er wird die Anerkennung nicht gewinnen und wieder auf seinem Hahn fortreiten müssen. Die Frage ist: Was bleibt ihm nun? In welche Richtung kann er diesen qualvollen Schmerz wenden, um Erleichterung und Erlösung zu finden? Nur wer bereit ist, sich in die Lage von Hans mein Igel zu versetzen, kann die gewaltige Energie erahnen, die in ihm gebunden ist.

Diese Energie sucht Ventile, sucht Erleichterung! Menschen wie Hans mein Igel sind daher häufig auf extreme Weise aggressiv. Die Aggressionen haben alle ähnliche Muster, daher verdienen sie eine genauere Untersuchung. Nicht selten sind sie so stark, daß sie alles andere zu überdecken scheinen.

In den folgenden Schilderungen sollen Probleme beschrieben werden, wie sie immer wieder in der Psychotherapie mit Menschen zu beobachten sind, die an der frühen Persönlichkeitsstörung leiden, die ich als Hans-mein-Igel-Syndrom bezeichne. Dabei kann der Schweregrad der Störung sehr unterschiedlich sein.

Die Wut

Zu der Persönlichkeitsstörung, die sich im Märchen abbildet, gehört sehr häufig ein gestörtes Aggressionsverhalten. Erinnern wir uns an den Igelpelz und daran, daß Igel sehr putzig und anziehend aussehen – am liebsten möchte man mit ihnen spielen –, doch jeder, der ihnen zu nahe kommt, muß mit Stichen und Verletzungen rechnen. Und der Hahn, der untrennbar zu Hans mein Igel dazugehört, ist nicht nur ein Tier, das den Stolz repräsentiert, sondern er ist auch ein aggressives Tier. In südlichen Ländern wird er für mörderische Hahnenkämpfe gezüchtet. Erwachsenen Menschen wird er seltener gefährlich, da seine Unterlegenheit zu groß ist. Kleine Kinder fürchten sich jedoch oft nicht zu Unrecht vor dem freilaufenden Hahn.

Aggressionen haben bei vielen Menschen, die an einem Hans-mein-Igel-Syndrom leiden, eine wichtige Funktion. Sie dienen allerdings häufig nicht der angemessenen Verteidigung im Falle eines Angriffs, sondern werden zur Erleichterung eingesetzt, zum Abbau von Spannungen.

Einer meiner Patienten beschreibt seinen Umgang mit Aggressionen so:

«Als ich das Haus verlassen hatte, wußte ich, daß ich mich wieder schlagen würde. Wie immer ging ich in die Kneipe und provozierte dort die Gäste, bis jemand mich angriff. Ich war erst zufrieden, als mir das gelungen war. Dabei war es mir jeweils völlig gleichgültig, wenn der Provozierte mir körperlich überlegen war. Ich versuchte dann, dies mit besonderer Brutalität und Geschicklichkeit auszugleichen. Häufig mußte ich viel einstecken. Immer verletzte ich die anderen und bekam so auch mehrere Anzeigen wegen Körperverletzung, oft wurde ich daher zu Scha-

densersatz herangezogen. Aber ich konnte auf diese Aggressionen nicht verzichten. Dabei hatte ich große Angst, daß ich irgendwann schlimmes Unheil anrichten könnte, daß ich jemanden totschlagen oder so verletzen würde, daß er bleibende Schäden davontrüge. Wenn ich mich schlage, kann ich für nichts garantieren, ich bin wie im Rausch, steigere mich immer weiter in meine Aggressivität und bin erst zufrieden, wenn einer von uns verletzt ist, wenn nichts mehr geht. Anschließend bin ich wie betäubt. Langsam kommt dann das Bewußtsein für das, was ich wieder angerichtet habe. Ich mache mir heftige Vorwürfe, weil mir der andere leid tut. Ich weiß ja, daß er unschuldig ist und die Ursache meine innere Wut ist. Nach so einem Vorfall habe ich eine Zeitlang Ruhe, bis ich es wieder nicht mehr aushalte und erneut losziehe, um mich zu schlagen.»

Wie in dem Beispiel zu erkennen ist, werden Aggressionen gegen Unzufriedenheit, Angst, Wertlosigkeits- und Minderwertigkeitsgefühle eingesetzt. Sie werden wie Suchtmittel verwendet, nämlich um unliebsame Gefühle nicht mehr ertragen zu müssen. Natürlich sind Aggressionen genausowenig zur wirklichen Problemlösung geeignet wie Suchtmittel. Die Parallelen, die hier zu beobachten sind, verdienen es, ausführlich behandelt zu werden.

Innere Unruhe treibt, ähnlich wie Entzugserscheinungen bei Suchtmittelabhängigen, zu aggressivem Verhalten. Aggressionsgestörte verlieren immer häufiger die Kontrolle über ihre Aggressionen. Geringfügige äußere Anlässe werden zu Auslösern für aggressive Ausbrüche. Entsprechende Situationen werden später aus einem inneren Zwang heraus provoziert. In der Schilderung eines Betroffenen wird dies folgendermaßen dargestellt: «Ich hätte eigentlich zufrieden sein können, da nichts Wirkliches vorhanden war, was mich hätte stören können. Aber ich konnte es nicht lassen, Ärger und Streit zu provozieren. Erst, wenn alles in Scherben lag, war ich wieder ruhig.»
Wenig später berichtete er: «Mit viel Energie versuchte ich, die

Folgen meiner Aggressionen wiedergutzumachen.» Der Betroffene spürt, daß er zu Reaktionen tendiert, die er anschließend bereut. Er weiß, daß er mitunter nicht für sich selbst garantieren kann, und ist tief verunsichert. Dies führt jedoch meist dazu, daß erneut Situationen gesucht werden, in denen Aggressionen ausgelebt werden, da lediglich in dem Augenblick des Auslebens dieser Gefühle Überlegenheits- und auch Omnipotenzgefühle entstehen. Der süchtige Teufelskreis ist geschlossen.

Nicht nur Männer sind in ihrem Aggressionsverhalten gestört, wie folgende authentische Schilderung einer Patientin belegt:

«Wenn ich so zurückdenke, hatte ich während meiner Schulzeit bereits Schwierigkeiten mit Aggressionen. Manchmal, wenn ich mit meinen Schulfreundinnen spielte, suchte ich mit allen Mitteln Streit, der immer mit Gewalttätigkeiten endete; darin suchte ich eine innere Befriedigung. Manchmal fragte ich mich: Warum tust du das? aber ich wußte keine Antwort, nur, daß mich vorher eine unerklärliche Unruhe packte.

Während meiner Lehrzeit war es zu keinerlei Auffälligkeiten gekommen. Dies änderte sich, als ich heiratete. Da mein Mann sehr jähzornig war, mußte ich vieles ertragen. Des öfteren schlug er mich, so daß meine Haßgefühle immer stärker wurden. Daß ich körperlich nicht gegen ihn ankam, machte mich fast wahnsinnig. Dies ging so weit, daß ich jede Nacht wach wurde und mit dem Gedanken spielte, ich müsse ihn umbringen. Ich wurde von einer extremen Angst und Unruhe gepackt, die ich nicht beschreiben kann. Ich hatte wahnsinnige Angst vor mir selbst, besonders, da ich mit Mordgedanken spielte. Als ich nach drei Wochen glaubte, es nicht mehr aushalten zu können, erzählte ich meinem Mann von meinem Zustand. Ich hatte das Gefühl, so nicht mehr weiterleben zu können. Er war entsetzt und wollte mich zu einem Arzt bringen. Dies lehnte ich ab, da ich Angst vor Konsequenzen hatte. Von dieser Zeit an konnte ich nicht mehr in einem dunklen Zimmer schlafen. Ich ließ nachts immer ein Licht brennen; nach einiger Zeit verloren sich die Gedanken allmählich.

Manchmal suchte ich wieder einen Grund, um Streit anzufangen, wobei jedesmal die mir bekannte Unruhe auftrat. Wenn ich es wieder geschafft hatte, daß wir uns stritten, riß ich mir und meinem Mann die Kleider vom Leib. Dies kam oft vor, wobei ich nach solchen Episoden immer wieder ausgeglichen war. Es folgte eine ruhige Zeit, wo ich versuchte, mich zu beherrschen. Immer wieder litt ich unter Schweißausbrüchen, obwohl ich damals noch keinen Alkohol genoß. Jetzt tat ich etwas für mich völlig Unverständliches, ich wusch mir fünfzig- bis sechzigmal die Hände und stellte fest, daß mich das befriedigte, wobei der Drang danach groß und durch mich selbst nicht zu beeinflussen war.

Nach meiner Scheidung ging ich in die Gastronomie und mußte hart arbeiten. Ich fing langsam an, Alkohol zu trinken. Ich konnte sehr viel vertragen, und das Leben war schön, da ich alle meine Unsicherheiten mit Alkohol vertuschen konnte. Meine Aggressionen hatte ich mit der Zeit abgebaut. Wenn ich einmal Ärger mit Gästen hatte, beruhigte ich mich mit Alkohol; das ging zunächst auch ganz gut. In meiner Wohnung war Ruhe, da ich allein lebte und niemand zum Streiten da war. Wenn ich unruhig wurde, griff ich zu Alkohol. Dies alles ging zwei Jahre gut. Ich lernte einen netten Bekannten kennen, der Verständnis für meinen Beruf aufbrachte. Er hatte einen Fehler – er war sehr eifersüchtig. Damit quälte er mich wahrscheinlich, ohne daß er dies wollte. Eines Abends – ich vergesse es nie – spürte ich nach langer Zeit wieder eine große Unruhe mit Schweißausbrüchen. Ich fing mit meinem Bekannten Streit an und steigerte mich immer weiter hinein. Ich griff zum Messer und stach auf ihn ein. Ich kam erst wieder zu mir, als ich Blut sah. Ich lief in eine Gaststätte und kippte mir etliche Schnäpse rein. Im Moment tat mir nicht einmal leid, was ich getan hatte: Hauptsache war, das verrückte Gefühl in meinem Innern hatte sich beruhigt! Erst ein paar Stunden später packte mich das kalte Grauen darüber, was ich getan hatte. Ich machte mir heftige Selbstvorwürfe, und immer wieder beruhigte ich mich mit Alkohol.

Insgesamt war ich öfter in solchen Situationen. Immer waren es nur Kleinigkeiten, aber es hätte böse ausgehen können. Das letztemal drehte ich vor etwa zwei Jahren durch. In meinem Haß und meinem Zorn zerschnitt ich einem Menschen, der es gut mit mir meinte, das Gesicht mit einer abgeschlagenen Flasche. Danach hatte ich einen Nervenzusammenbruch. Von da an flüchtete ich mich immer weiter in Alkohol und trank zum Schluß täglich drei Flaschen Schnaps.»

Für Aggressionsgestörte sind Aggressionen zur scheinbar unverzichtbaren Lebensbewältigungsstrategie geworden. Sie gelten als legitimes Mittel, um Bedürfnisse zu befriedigen. Zweifellos ist es möglich, dies mittels Aggressionen zu erreichen. Weniger aggressive Personen weichen zurück und geben den Forderungen nach. Das aggressive Verhalten wird verstärkt, da es unmittelbar zum Erfolg zu führen scheint.

Aggressionsgestörte wirken bedrohlich auf ihre Umwelt. Ihre unterschwellige Aggression führt dazu, daß vorsichtig mit ihnen umgegangen wird. Meist sind sie sich ihres aggressiven Verhaltens gar nicht bewußt. Auf die Frage: «Warum sind Sie im Moment so aggressiv?» kommt meist die Antwort: «Ich bin doch nicht aggressiv!» Nicht selten haben Menschen wie Hans mein Igel tatsächlich keinen Zugang zu ihren Gefühlen, sie werden *abgespalten,* das heißt: nicht wahrgenommen. Menschen, die eng mit ihnen zusammenleben, sind Wechselbädern ausgesetzt: Extrem hart und extrem weich sind ihre Verhaltensweisen. Etwas dazwischen ist selten möglich. In Paarbeziehungen ist das gestörte Aggressionsverhalten besonders belastend; ich werde im folgenden Kapitel darauf eingehen.

Aggressionsgestörte haben für ihr Fehlverhalten ein Erklärsystem wie Süchtige für ihren Suchtmittelkonsum. So wird das Ausmaß der Aggression bagatellisiert, oder es werden Argumente gefunden, warum die extremen Reaktionen doch angemessen waren. Sie entwickeln einen übertriebenen Gerechtigkeitssinn und sind für Argumente anderer nicht zugänglich.

Nicht selten ist ein prozeßhafter Verlauf zu beobachten – zu immer extremerer Aggression. Dann findet eine negative Persönlichkeitsveränderung statt, denn die fortschreitende soziale Isolation geht einher mit gefühlsmäßiger Verarmung und Verrohung. Die Umwelt wird generell zum Feind.

Im Zusammenhang mit süchtigem Aggressionsverhalten werden auch Suchtmittel, insbesondere Alkohol, mißbraucht. Während dieser das Symptom zunächst zu mildern scheint, wird es mit fortschreitender Abhängigkeit extremer. Der Alkohol wird zunächst zur Betäubung von starken Verstimmungszuständen eingesetzt, die nicht selten durch Wut- und Haßgefühle entstehen. Benötigt ein Aggressionsgestörter häufig eine Stillegung seiner Affekte, gerät er vielfach in eine chronische Abhängigkeit. Der exzessive Alkoholkonsum führt in der Folge zum Abbau von emotionalen Sperren und damit zu verstärkter Aggressivität.

In unserem Märchen findet sich nur ein Hinweis darauf, daß Hans mein Igel sich aggressiv verhält. In Märchen verdichtet sich mitunter eine Szene auf eine einzige Situation, die dann aber immer eine weitreichende Bedeutung hat. Sie steht quasi stellvertretend für viele andere Situationen, die sich ähnlich oder genauso abspielen. Die Szene, in der Hans mein Igel die erste Königstochter mit seinen Stacheln zersticht und fortjagt, scheint mir eine solche Szene zu sein.

Die Beziehung

Hans mein Igel zeigte dem ersten König den Weg aus dem Wald, in dem dieser sich verirrt hatte. Als Lohn erwartete er das, was ihm als erstes am Königshof begegnete. Im Märchen, wie könnte es anders sein, ist es die Prinzessin, das einzige Töchterlein des Königs, das Hans verlangt.

Offensichtlich ist er mittlerweile in einem Alter, in dem er sich eine Partnerin sucht. Wir erinnern uns: Bisher war Hans mein Igel bereit, alles zu tun, um Zuneigung und Wertschätzung zu gewinnen. Eine Liebesbeziehung wäre doch wohl das, was all die Entbehrungen und Verletzungen vergessen machen könnte. So oder so ähnlich denken viele, und man sollte meinen, sie haben recht. Endlich am Ziel, endlich verliebt und im siebten Himmel! Was kann einem dann noch fehlen?

Offensichtlich ist es nicht so leicht, wie es auf den ersten Blick erscheint, denn die erste Beziehung, die Hans mein Igel eingeht, scheitert dramatisch. Und wieder hat das Märchen recht damit, daß diese Beziehung scheitern muß. Von Bedeutung ist der Beginn der Beziehung: Hans mein Igel tritt in Vorleistung. In der Realität fangen viele Beziehungen damit an, daß einer der Partner etwas Wichtiges für seinen zukünftigen Lebensgefährten oder Ehepartner tut. Hans mein Igel tut für den ersten König etwas existentiell Wichtiges: Er hilft ihm aus dem Wald, in dem er sich verirrt hat, zurück in sein Königreich.

Interessant ist, wie sich der erste Kontakt anbahnt. Hans mein Igel sitzt in einem hohen Baum auf seinem Gockelhahn und macht schöne Musik. Der König hört die Musik und scheint irgendwie fasziniert. Er schickt seinen Läufer, der nachsehen soll, wer diese Musik macht. Der Kontakt ist irgendwie merkwürdig und unreal. Die Musik scheint eine Anziehungskraft zu besitzen, man fühlt sich wie magisch hingezogen. So ist auch der reale Kontakt zu Menschen mit einem Hans-mein-Igel-Syndrom meist ähnlich eigenartig. Man kann sich ihnen kaum entziehen. Sie zwingen ihr Gegenüber förmlich in die Beziehung und meist auch dazu, Augenkontakt zu halten. Mehr intuitiv wird die tiefe Verletzung wahrgenommen, unter der diese Menschen leiden. Im ersten Kontakt kommt man meist mit der weichen, verletzlichen Seite in Berührung, bildlich gesprochen mit der unteren Hälfte, der verletzlichen, menschlichen Seite von Hans mein Igel.

Entwicklungspsychologisch ist dies nachvollziehbar, wenn man sich vergegenwärtigt, daß Menschen, die bestimmte Entwicklungsstufen nicht störungsfrei bewältigen konnten, auf diesen Lebensabschnitt fixiert bleiben. Es ist, als würde die seelische Entwicklung an einer Stelle stehenbleiben. Der Körper entwickelt sich weitgehend normal weiter, innerlich bleiben Menschen wie Hans mein Igel jedoch in kindlicher Weise bedürftig. Im Gegenüber aktivieren sie Bestrebungen, die Elternfunktion zu übernehmen, das heißt, sie wecken mütterliche beziehungsweise väterliche Gefühle. Man möchte sich am liebsten um ihre tiefe Not kümmern, sie vor weiterem Unheil schützen. Das wirkt besonders auf Menschen mit dem sogenannten *Helfersyndrom*. Diese sind sich ihrer eigenen seelischen Probleme wenig oder nicht bewußt. Sie versuchen, andere zu retten, um ihr eigenes angeschlagenes Selbstwertgefühl zu verbessern, und sind daher anfällig dafür, sich abhängig zu machen und mit Menschen wie Hans mein Igel in eine typische, symbiotische Beziehung zu treten. Das «Helfenwollen» ist demnach keineswegs eine einseitige Leistung des Helfers. Der selbst sucht seinen Lohn in der Steigerung des eigenen Wertgefühls. Dies geschieht in der Regel, ohne daß es ihm bewußt ist. Auf diesem Hintergrund entwickelt sich eine abhängige Beziehung, die weiter zu untersuchen sein wird.

Die Begegnung zwischen Hans mein Igel und dem ersten König ist von Unaufrichtigkeit gekennzeichnet. Der König ist auf Hans mein Igels Hilfe angewiesen, weiß aber, daß er die geforderte Gegenleistung nicht erbringen will. Auch hierin findet sich Typisches für die eben beschriebene Form der Beziehungsaufnahme, wenn wir versuchen, die Bedeutung durch die Übersetzung der Bilder zu verstehen.

Wieder ist es notwendig, sich mit der Symbolsprache des Märchens auseinanderzusetzen: Da hat sich jemand im Wald verirrt und findet nicht mehr hinaus! Ich denke, daß sich fast jeder Mensch bereits einmal oder mehrfach «im Wald verirrt» hat. Wie heißt es doch: Vor lauter Bäumen den Wald nicht mehr sehen! Vorstellen darf man sich also weniger, daß sich jemand tatsächlich im Wald verirrt hat, vielmehr hat der erste König ein Lebensproblem, mit dem er alleine nicht fertig wird, aus dem er nicht mehr hinausfindet.

Der Wald ist ein mütterliches Symbol, das auf die Mutter hinweist und auf Probleme, die ein Mensch mit der leiblichen Mutter oder seinem eigenen inneren Mütterlichen haben kann. Zunächst erscheint es allerdings so, als habe ein Mann, in unserem Fall der König, das Problem. Doch im Märchen – und das ist hier von Bedeutung – ist es problemlos möglich, daß mehrere Personen auftreten, die in Wirklichkeit lediglich verschiedene Aspekte oder Facetten einer Person zum Ausdruck bringen.

Das Wissen darum, daß in jedem Menschen unterschiedlich starke männliche und weibliche Kräfte und Energien am Werk sind, ist uralt. Denken wir nur an das chinesische Yin und Yang, ein Symbol für das Gleichgewicht zwischen männlichen und weiblichen Kräften. Jeder Mann hat notwendigerweise weibliche Anteile in seiner Persönlichkeit, so wie umgekehrt die Frau männliche Anteile (zum Beispiel eine gesunde Aggressivität, die sich in Durchsetzungsvermögen äußert) benötigt, um in ihrem Leben zurechtzukommen.

Betrachten wir die Szenerie um den ersten König unter diesen Aspekten, dann können wir den Wald als ein Symbol für einen Ort mit mütterlicher Thematik verstehen sowie einen Menschen, der mit dem Mütterlichen Probleme hat. Dieser Mensch ist im Märchen zunächst ein Mann, der König. Aber Hans mein

Igel ist auf der Suche nach einer Partnerin, und letztlich geht es ihm darum.

Um das Problem noch von einer anderen Seite zu beleuchten: Man muß sich den König und die Prinzessin als ein und dieselbe weibliche Person (Partnerin) vorstellen. So wie ein und derselbe Mensch verschiedene Rollen spielen kann, werden diese Rollen im Märchen gleich von verschiedenen «Schauspielern» besetzt. Die männlichen Anteile der Frau – repräsentiert durch den König – sind nicht genügend entwickelt. Offensichtlich besteht bei ihr ein Mangel an Eigenständigkeit (männliches Prinzip). Vermutlich hat sie sich nicht in genügender Weise von ihrer Mutter lösen können. Diese Mutter kann man sich daher als jemanden vorstellen, der dominant und besitzergreifend ist und die Tochter klein und abhängig für sich behalten will. Der Vater ist wahrscheinlich schwach, dreht sich um seine eigenen Probleme oder leidet selbst unter der dominanten Ehefrau. Jedenfalls ist er kein geeignetes Vorbild; denn seine Aufgabe wäre, der Tochter die männlichen Prinzipien wie Eigenständigkeit und Unabhängigkeit (Eigenschaften, die mit einem gesunden Maß an Aggressivität verbunden sind) vorzuleben, um so ein positives Modell oder eine Identifikationsfigur für sie zu sein.

Aus allem wird deutlich, daß es der Prinzessin nicht gelungen ist, sich von der übermächtigen Mutter zu lösen, unabhängig und eigenständig zu werden. Nur scheinbar ist es bei Hans mein Igel ganz anders, denn wie sich zeigen wird, ist auch er abhängig geblieben.

Hans mein Igel mußte, ob er wollte oder nicht, schon früh all die Dinge tun, die sich die Prinzessin nicht zutraute. Er wirkt dadurch, daß er schon lange auf sich selbst gestellt ist, sicher, unabhängig und lebenstüchtig. Er hat gelernt, sich durchzubeißen und seinen Mann zu stehen, obwohl er von seinem Lebensalter her noch viel zu jung dazu ist. Wahrscheinlich wird die Prinzessin seine radikalen Aggressionen, die sich im Anfangsstadium der Beziehung gegen alles mögliche richten, bewundern und als Zeichen von Stärke verstehen, weil sie bei sich selbst die Fähigkeit vermißt, Aggression in Form von Wut- und Ärgergefühlen auszudrücken.

Manchmal erlebt sie es wohl auch als eine innere Befriedigung, wenn sie besänftigend auf seine Aggressionen einwirken und ihn beruhigen kann. Sie fühlt sich dann überlegen und größer. Noch nicht oder nur selten ist sie zu Beginn Zielscheibe seiner Aggression. Was sie spürt, ist, daß sie total gebraucht wird, mit Haut und Haar.

Sieht man beide Menschen nebeneinander vor sich stehen, dann werden ihre extremen Gegensätze besonders deutlich: die Prinzessin extrem abhängig, Hans mein Igel scheinbar extrem unabhängig nach dem Motto: Ich brauche niemanden. Die Prinzessin vermißt in sich selbst genau das, was Hans mein Igel hat. Und umgekehrt scheint er in der Prinzessin genau das zu finden, was er selbst in seinem Leben vermissen mußte: eine beständige, sorgende und haltende Beziehung, die die Prinzessin in ihrer Mutter (die jedoch auch sehr besitzergreifend und dominierend war) erlebte. Ihr ist diese klammernde Haltung der Mutter jedoch lästig, weil sie dadurch förmlich im goldenen Käfig sitzt. Auch wenn der Käfig aus Gold ist, kann sie die Stäbe nicht ignorieren!

So scheinen beide wie geschaffen füreinander. Gegensätze ziehen sich an, sagt man, und hier scheint das Sprichwort recht zu behalten.

In vielen Beziehungen läßt sich dieses «Schlüssel-Schloß-Prinzip» beobachten. Und die Frage, was Menschen füreinander anziehend macht, ist nicht unwesentlich damit beantwortet, daß sie neben sexuellen und erotischen Bedürfnissen meistens geheime andere, aus der Kindheit mitgetragene Sehnsüchte haben, die der Partner befriedigen soll.

Beide Partner befinden sich in einer Symbiose, insofern sie wichtige Probleme, die sie mit Hilfe der Partnerschaft lösen wollen, tatsächlich zu lösen scheinen. Allein traut sich die Prinzessin einen Ausweg aus ihrer Abhängigkeitssituation nicht zu, beziehungsweise kann sie ihn nicht finden (der König hat sich im

Wald verirrt und findet nicht nach Hause). Und Hans mein Igel ist mit seinem Problem, Liebe und Geborgenheit zu finden, gescheitert. Die Partnerschaft scheint die Lösung für beide Probleme zu sein.

Erinnern wir uns daran, daß Hans mein Igel dem König aus dem Wald herausgeholfen hat, zurück in sein Königreich. Der König, der hier die unterentwickelten männlichen Eigenschaften einer Frau verkörpert, ist in Wirklichkeit nicht bereit, Hans mein Igel das zu geben, was der sich von der Partnerin wünscht. In einem anderen Märchenbild: Die Prinzessin weiß, daß sie Hans mein Igel nicht wirklich lieben kann, und drückt dies in ihrer Weigerung aus, mit ihm zu gehen. In vielen derartigen Beziehungen gibt es bei einem oder sogar bei beiden Partnern gleich zu Beginn das mehr oder weniger deutliche Gefühl, daß eine engere Bindung in Wahrheit ein Fehler ist.

Im Märchen kommt es zur Gewaltszene: Mit brachialer Wucht überwindet Hans mein Igel alle Hindernisse und will Liebe erzwingen. Er will sich das nehmen, was ihm seiner Meinung nach zusteht. Dabei übersieht er selbstverständlich, daß es keinen Rechtsanspruch auf Zuneigung und Liebe geben kann. Liebe ist ein Kind der Freiheit und wird verschenkt, förmlich umsonst. Liebe kann nicht erarbeitet, erkauft, erdient oder erzwungen werden. Will jemand Liebe so erlangen, dann verhindert er, daß sie sich entwickeln kann.

Wie sich zeigen wird, haben Menschen wie Hans mein Igel zunächst überhaupt keine andere Wahl, als diesem soeben beschriebenen Irrtum zu verfallen. So ist es für sie unvorstellbar, daß sie ohne Vorleistung Zuneigung empfangen, doch diese Vorleistung erbringen sie um einer Belohnung willen: um Zuneigung und Liebe zu gewinnen. Zu sehr ist dieses Muster seit früher Kindheit in ihrer Persönlichkeit wie eingebrannt. Im Märchen ist die Szene kurz und heftig. Mit wenigen Sätzen ist alles beschrieben. In der Realität dauern solche Beziehungen nicht selten Jahre, mitunter Jahrzehnte.

Um dies zu verstehen, ist es erforderlich, daß wir uns daran erinnern, daß beide Partner füreinander *Problemlöser* geworden sind. Zu Beginn solcher Beziehungen haben beide Partner die Illusion, daß sich ihre Wünsche erfüllen. Dabei ist bei genauer Untersuchung festzustellen, daß sie nur scheinbar ihrem angestrebten Ziel näherkommen. Sehr bald wird die Prinzessin merken, daß sie nur in einem neuen Käfig gelandet ist. Sie findet nicht die erhoffte Freiheit, sondern neue Abhängigkeit. Hans mein Igel wird ihre Liebe erzwingen wollen und darin unersättlich sein. Sein Hunger nach Zuneigung ist in Wahrheit durch nichts zu stillen. Meist wird derjenige, der versucht, mit einem Menschen wie Hans mein Igel zu leben, sich alle Mühe geben, sich der Situation anzupassen. Auch im Märchen weichen König und Prinzessin zurück und geben der radikalen Forderung nach, aber nur weil Hans mein Igel sie beide mit dem Tode bedroht. In der Tat sind die Beziehungen, die Menschen wie Hans mein Igel eingehen, mörderisch, nicht selten enden sie tödlich. Das dunkle Kapitel vieler Gewalttaten in Familien geht auf das Konto früher Störungen der Persönlichkeitsentwicklung.

Ich möchte an die Gestalt von Hans mein Igel erinnern, die obere Hälfte ein stachliger Igel und die untere Hälfte ein zarter Junge. Es wurde schon betont, daß die extreme Gegensätzlichkeit der zwei Hälften von großer Bedeutung ist und das Motto dieser Menschen lautet: alles oder nichts, Hell oder Dunkel, ganz oder gar nicht. Sie sehen nur Schwarz oder Weiß, es fehlen die Zwischentöne, die Farben! Beziehungen, die sie eingehen, haben ebenso radikalen Charakter. Es gibt förmlich nichts dazwischen. Wenn sie sich auf eine Beziehung einlassen, sind sie extrem abhängig, symbiotisch.

Wahnhafte Eifersucht ist ein Phänomen, das in abhängigen Beziehungen immer in mehr oder weniger starker Form erlebt wird. Die Prinzessin kann sich anstrengen, ihm ihre Liebe zu versichern, mit allen Mitteln, die ihr zur Verfügung stehen. Sie kann sich anpassen, so wie es das Märchen ausdrückt, indem sie ein weißes Kleid anzieht und mit ihm in die Kutsche steigt. Letztlich wird sie nicht daran vorbeikommen, sich betrogen zu fühlen, und Hans mein Igel hassen. Umgekehrt wird Hans mein Igel mit extremer Sensibilität ihre Enttäuschung spüren und sofort den Schluß daraus ziehen, daß er erneut, also auch bei ihr, keine Liebe erfährt. «Du liebst mich nicht!» wird er schreien und damit seine tiefe Überzeugung, die er von Anfang an hatte, zum Ausdruck bringen: nämlich die, daß er nicht wirklich liebenswert ist. Untersuchen wir diese Situation genauer, müssen wir sagen, daß Hans mein Igel erneut mit dem Problem, nicht erwünscht zu sein, konfrontiert wird. Diese tiefen Selbstzweifel sind natürlich von seiner Entwicklung her nur zu gut zu verstehen. In dieser Phase der Entwicklung bleibt ihm nichts anderes übrig, als sein erlerntes Muster («Ich bin nicht erwünscht») in sein Gegenüber hineinzuprojizieren. Er hat noch keine Alternativen zur Verfügung. Diese müßten mühsam in einer Therapie entwickelt werden.

Die gewalttätige Wucht, die in der Szene am ersten Königshof zu spüren ist, hat noch eine andere Quelle: Menschen, die in ihrer frühen Kindheit keine oder nur in unzureichender Weise Liebe erfahren haben, sind, wie beschrieben, in ihrer Persönlichkeitsentwicklung gestört. Am besten stellt man sich das so vor, daß sie in extremer Weise nach Liebe hungern. Es ist, als wäre in ihnen ein tiefes Loch, das unter allen Umständen gestopft werden muß – mit Zuneigung und Liebe, die sie als Ersatz für das suchen, was sie in der frühen Kindheit vermissen mußten. Dabei scheint das Faß keinen Boden zu haben. Andere Menschen können geben, sich investieren und Zuneigung schenken, ohne daß der Mensch mit dem Hans-mein-Igel-Syndrom wirklich satt wird.

In allen Beziehungen versuchen Menschen mit dieser Problematik, die Symbiose herzustellen, die sie in der frühen Kindheit vermissen mußten oder die es nicht ausreichend und störungsfrei gab. Sie konnten kein stabiles Gefühl dafür entwickeln, daß sie eigenständige Persönlichkeiten sind. Auch andere Menschen erleben sie nicht als autonome und selbstbestimmte Personen. Sie wollen sich ihnen entweder unterwerfen oder versuchen, sie zu beherrschen. Wieder spalten sie die Welt in Schwarz und Weiß.

Entweder ist eine Person absolut gut und wird idealisiert, oder sie ist absolut böse und feindlich. Diese Zuweisung (Du bist gut beziehungsweise schlecht) kann sogar innerhalb eines Gesprächs mehrfach umschlagen.

Menschen wie Hans mein Igel weigern sich, selbständig und autonom zu werden. Die Verweigerung der Selbständigkeit geschieht aus Wut, die ursprünglich den Eltern galt, welche die Symbiose nicht befriedigend gestalten konnten und/oder die Selbständigkeit verweigern mußten. Die Weigerung, selbständig zu werden, ist Rache. Diese Menschen wollen jetzt andere zwingen, Verantwortung für ihr Leben zu übernehmen. «Jetzt siehst du, was du davon hast, daß du so mit mir umgegangen bist; jetzt werde auch mit den Schuldgefühlen fertig, die ich dir machen werde!» Das Erzeugen von *Schuldgefühlen* ist das stärkste Mittel, um die abhängige Beziehung aufrechtzuerhalten.

Das Drama, welches sich in Beziehungen ereignet, die ein Hans-mein-Igel-Mensch erleben muß, besteht darin, daß er eine tiefe Sehnsucht nach Verschmelzung (nach der Symbiose mit der Mutter) hat und in enger werdenden Beziehungen diese Verschmelzung mit dem Partner rasch stattfindet. Sie ist so tief und stark, daß sie zugleich auch wieder bedrohlich wird. Es tritt eine tiefe Angst auf, sich selbst zu verlieren oder vernichtet zu werden. Jetzt ist es an der Zeit, wieder Distanz zu schaffen. Aus der gerade noch idealisierten Person wird eine abzulehnende. Der Blick richtet sich mit unerbittlicher Schärfe auf die negativen Eigenschaften des Partners, und die Kritik ist vernichtend. Hans mein Igel hat Distanz geschaffen, und die Gefahr des Sichverlierens und Aufgebens ist gebannt. Nun besteht aber die Gefahr, daß ihm die Beziehung verloren geht, die Distanz zu groß wird. Die Angst vor dem Verlassenwerden, die nun aktiviert wird, ist so überwältigend, daß wieder eine Idealisierung stattfinden muß, damit er sich vor dem Beziehungsverlust schützen kann. Alles ist zu tun, um den Partner zu beruhigen und sich seiner Zuneigung zu versichern. Aus dem gerade noch abgelehnten und niedergemachten Partner ist wieder eine wunderbare und ideale

Traumfigur geworden. Menschen mit dem Hans-mein-Igel-Syndrom sind in dem Dilemma, nicht mit, aber auch nicht ohne den Partner leben zu können. Die Beziehungen sind nur in der Weise stabil, daß sie chaotisch instabil sind. Man nennt diese Beziehungen daher *stabil-instabil*.

Der Mensch mit einem Hans-mein-Igel-Syndrom hat immer seine eigenen Psychospiele, mit denen er die Beziehungen manipuliert, Nähe und Distanz herstellt – den Partner nach Belieben dominiert. Mit Hilfe der Psychospiele werden andere für ihn berechenbar und scheinbar sicher, dabei wird aber alles immer leerer, unechter und unbefriedigender. Mit Hilfe der Psychospiele ist es möglich, immer für Unruhe zu sorgen. Ständig passiert etwas, meist etwas Destruktives. Mit Psychospielen lassen sich innere Unruhe und archaische Ängste überdecken. Natürlich reagieren andere Menschen mit Wut und Ärger auf diese Form der Behandlung und Manipulation. Die Hauptsache ist, daß sie reagieren; denn auch wenn die Reaktionen negativ sind, stellen sie Zuwendung dar, negative Zuwendung! Diese negative Zuwendung, die durch den ständigen Terror mit Psychospielen erzeugt wird, ist für Menschen wie Hans mein Igel etwas sehr Vertrautes. Negative Zuwendung erscheint auf eigentümliche Weise sicherer als positive. Sie ist aus der Kindheit bekannt und vertraut; es gab nichts anderes.

Ein interessantes Modell beschreibt die möglichen Hintergründe für die immer wieder zu beobachtenden Selbstabwertungstendenzen bei Menschen mit einem Hans-mein-Igel-Syndrom. So ist ihre «Lebenstemperatur» vergleichbar der eines Kühlschranks. Sie haben nicht gelernt, mit gefühlsmäßiger Wärme umzugehen. Wenn die Temperatur zu hoch wird, sorgen sie dafür, daß Kälte erzeugt wird. Da sie in ihrer Kindheit vernachlässigt wurden, eine gefühlsmäßig kalte und abweisende, feindselige Umgebung erleben mußten, haben sie sich an diese niedrige Lebenstemperatur gewöhnt. Wird sie zu hoch, zum Beispiel durch liebevolle Zuwendung, Lob, respektvolle Beachtung, Körperkontakt und so weiter, wird wie über einen Thermostaten ein Kälteaggregat eingeschaltet, welches dafür sorgt, daß die Lebenstemperatur wieder niedriger wird. Da sie nicht gelernt haben, mit dieser positiven Zuwendung umzugehen, müssen Kritik und Abwertung produziert werden. So wird der zwischenmenschliche Kontakt benutzt, um die negativen Gefühle, die zwar vertraut, aber nicht wirklich befriedigend sein können, wiederzuerleben. Positive Zuwendung wird einfach uminterpretiert ins Negative. In einem Gespräch, welches offensichtlich sehr positiv verläuft, behauptet zum Beispiel ein Hans-mein-Igel-Mann: «Viele haben schon versucht, sich mit Freundlichkeit und falschen Versprechungen bei mir einzuschmeicheln.» Mit dieser Aussage hat er die «Temperatur» im Gespräch hinuntergefahren. Die freundliche Zuwendung wird einfach umgemünzt und wird zu einer hinterhältigen Manipulation. Dies kann der Auftakt zu einem Psychospiel werden, da im Gegenüber der Impuls entsteht, sich zu verteidigen, nach dem Motto: «Aber ich meine es doch ernst mit dir!»

In der Psychotherapie ist die Rede vom Wiederholungszwang. Damit ist unter anderem gemeint, daß tiefe Kränkungen, die nicht verarbeitet werden konnten, mit allen Begleiterscheinungen immer wieder inszeniert werden. Da das Unbewußte nicht sagen kann, wo es Schaden genommen hat, greift es zu einer indirekten Methode. Es versucht in seiner Sprache – wie bereits erwähnt in einer Bildersprache – den Konflikt oder die Kränkung zu inszenieren. Am einfachsten stellt man sich vor, daß sich das Leben auf einer Theaterbühne abspielt. Das, was innerlich quält und drückt, läßt keine Ruhe, es will erlöst werden. Mit immer neuen «Schauspielern» auf immer anderen «Bühnen» werden die alten, nicht verarbeiteten Konflikte in Szene gesetzt.

Menschen, die wie Hans mein Igel frühe Ablehnung erfahren mußten, werden ihr Drama in der Weise inszenieren, daß sie in sozialen Gruppen bewußt oder unbewußt dafür sorgen, daß sie die Ablehnung der Gruppenmitglieder erfahren. So bringen diese Menschen andere gegen sich auf, um dann Bestätigung für ihre frühe Programmierung zu bekommen, die lautet: «Du bist nicht erwünscht!» Dies ist jedoch eine Form der Problembewältigung, die so lange nicht aufhört, bis der Betreffende eine wirkliche Lösung gefunden hat.

Menschen streben in ihrer Tiefe immer nach Vollkommenheit und Einheit. Das, was sich ihnen in Form von Symptomen als Leid, psychosomatische Krankheiten, Probleme und Schwierigkeiten in den Weg stellt, ist keineswegs überflüssig und ohne Sinn. Es ist im Gegenteil richtig zu behaupten, daß es nur Hinweise darauf sind, daß in der Tiefe etwas unbewältigt blieb. Bei Hans mein Igel ist es die frühe Störung, die ihn begleitet und die erst am Ende des Märchens aufgelöst wird. Hinter allen Schwierigkeiten, Problemen und Symptomen stecken «Lernaufgaben». Jeder Mensch bekommt seine ihm gemäßen Lernaufgaben vom Schicksal vorgelegt. Er hat die Freiheit, sich zu verweigern oder die Lernaufgaben anzunehmen und sich um eine Lösung zu bemühen. Weigert er sich, sein Schicksal anzunehmen und sich um echte Problemlösungen zu bemühen, wird in aller Regel sein Leiden früher oder später noch stärker. Nimmt er die Botschaft auf, erweist er sich an persönlicher Reifung, an Wachstum und Weiterentwicklung interessiert; dann hat er die Chance, seine Igelhaut abzustreifen!

Frühe Programmierungen lassen sich nicht selten bis zur Geburt zurückverfolgen. In der Geburtsszene bildet sich bereits ab, wie ein Mensch Konflikte verarbeiten wird. Ein Patient, der eine «schwere Geburt» hatte, erlebt in der Psychotherapie oft erneut eine «schwere Geburt». Hat ein Mensch danach in seiner frühen Kindheit Mutterliebe erfahren und konnte er daran «satt» werden, wird er natürlich nicht in dieser extremen Form bedürftig. Er wird sich voraussichtlich nicht dermaßen abhängig machen müssen, da er eher in sich selbst Sicherheit und Zufriedenheit zu erleben vermag.

Der Versuch der Menschen mit einem Hans-mein-Igel-Syndrom, die vermißte Liebe in der Partnerschaft zu finden, ist ein Irrweg, der aber in aller Regel dazugehört. Hans mein Igel erlebt nur eine einzige so geartete Beziehung. In der Realität müssen oft viele abhängige Beziehungen durchlitten werden. Immer wieder geraten diese in dieselbe Sackgasse, ohne daß die richtigen Schlüsse gezogen werden. Nach dem Motto: «Beim nächsten Partner wird alles anders, dann stellt sich die große Seligkeit von selbst ein», müssen immer neue Beziehungen gesucht werden.

Die tiefe und frühe Störung der Persönlichkeit hat ein geradezu suchtartiges Verlangen nach Partnerschaft und Zuneigung bewirkt. Alleinsein wird kaum oder nicht ertragen. Nicht selten wechselt ein Mensch mit einem Hans-mein-Igel-Syndrom häufig die Beziehungen. Auch sexuelle Abnormität oder Sexsucht sind zu finden. Im folgenden Fallbeispiel wird besonders die Sehnsucht nach Beziehung deutlich:

Ernst wurde unehelich in einer Großstadt geboren. Die Mutter, mit der eigenen Lebensbewältigung überfordert, wechselte ihre Partner häufig. Ernst wurde oft sich selbst überlassen, nur hin und wieder betreute ihn die Großmutter, die seine hauptsächliche Bezugsperson wurde. Aber auch sie hatte nicht viel Zeit, da sie in vielfältiger Weise in der Familie gefordert beziehungsweise durch sie überfordert war. Wahrscheinlich hat er ihr sein Überleben zu verdanken. Als sie starb, war Ernst fünf Jahre alt. Er kam in ein Kinderheim und fühlte sich auf Anhieb wohl und geborgen, vor allem war er vor den Übergriffen der Partner seiner Mutter geschützt, die ihn häufig mißhandelt hatten. Im Heim verstand Ernst, sich anzupassen und vor allem mit den Erziehern zurechtzukommen. Er nahm nur wenig Kontakt zu anderen Kindern auf und beschäftigte sich hauptsächlich mit sich selbst. Fast immer war er von einer Traurigkeit eingenommen, ohne daß er die Möglichkeit gehabt hätte zu äußern, was in ihm vorging. Einige Male hatte er versucht, sich selbst zu verletzen, indem er die Haut an den Armen mit einer Glasscherbe aufritzte. Die Erzieher dachten erst an einen Unfall. Als sie jedoch erkannten, daß Ernst sich selbst verletzte, wurde ihm erklärt, daß er das Heim bei weiteren Vorfällen verlassen müsse.

Die Mutter hatte zwischenzeitlich geheiratet und nahm Ernst, als er neun Jahre alt war, aus dem Heim. Wieder begann für ihn eine Zeit großen Leids. Er mußte viele Hausarbeiten übernehmen und besonders auf seine inzwischen geborene Schwester aufpassen und sie versorgen. Erneut wurde er häufig mißhandelt und schließlich vom Stiefvater sexuell mißbraucht. Er hatte niemanden, an den er sich hätte wenden können. Er begann, wahllos Gegenstände zu zerstören. Nachdem er einen Schuppen in Brand gesteckt hatte und beträchtlicher Sachschaden entstanden war, wurde er abermals in einem Heim untergebracht. Wiederum fühlte Ernst sich erleichtert, da er der Willkür seiner Eltern entkommen war.

Mit siebzehn Jahren arbeitete Ernst in einer Fabrik und konnte von seinem Geld ein eigenes Zimmer unterhalten. Nachts jobbte er in einer Diskothek und begann, wahllose Beziehungen zu Mädchen einzugehen. Er merkte, daß er unfähig war, die Zuneigung, die einige Mädchen ihm entgegenbrachten, zu erwidern. Er spürte, daß er mit Sexualität zwar eine gewisse Erleichterung, aber keine Befriedigung erreichen konnte. Trotzdem wurde er förmlich süchtig nach immer weiteren Exzessen. Später suchte er in festen Beziehungen seine Sehnsucht nach Zuneigung zu befriedigen. Er heiratete zweimal – die Beziehungen scheiterten jedoch daran, daß Ernst die Partnerinnen besitzen wollte und mit seinen Eifersuchtstiraden malträtierte. Immer öfter kam es zu Alkoholexzessen, die schließlich zur Suchtkrankheit führten.

Als Ernst in Therapie kam, war er seit kürzerer Zeit mit einer sehr mütterlichen Frau zusammen. Diese hatte aus ihrer Ehe vier Kinder. Ernst verstand sich auf Anhieb mit den Kindern, denen er weniger Vater als vielmehr Freund war. Auch seiner Partnerin gegenüber fühlte er sich mehr als Kind denn als Partner. Bald traten Beziehungsprobleme auf, da Ernst unfähig war, allein zu sein beziehungsweise ohne die ständige Aufmerksamkeit der Partnerin. Seine Sehnsucht nach Zuneigung war unersättlich. Obwohl die Partnerin ihm ständig versicherte, daß er ihr genüge, war seine Eifersucht quälend und häufig Anlaß zu Streitigkeiten und Rückfällen in die Suchtkrankheit.

Hans mein Igel fühlt sich betrogen. Aus seiner Sicht erneut betrogen, und konsequenterweise sucht er die Verantwortung und die Schuld bei der Prinzessin. Menschen wie Hans mein Igel, die sich immer wieder betrogen und verletzt fühlen, zweifeln an allem und jedem. Tiefes Mißtrauen gehört zu ihnen und ist zur Selbstverständlichkeit geworden.

Nicht selten wird dieses im Prinzip verstehbare Mißtrauen dazu benutzt, sich einfach über alle Werte und Regeln hinwegzusetzen. Die Devise lautet dann: «Wenn mir niemand etwas gibt oder zugesteht, dann liegt es an mir, mir das zu besorgen, was mir (vermeintlich) zusteht, egal mit welchen Mitteln!» Auch kriminelle Delikte wie Diebstahl oder Betrug sind auf diesem Hintergrund zu verstehen. Das Gewissen funktioniert eingeschränkt oder ist oft wie nicht vorhanden.

In Menschen wie Hans mein Igel ist meist ein extremes *Gerechtigkeitsbedürfnis* verwurzelt. So stellt er am Ende der ersten Beziehung selbstgerecht fest: «Das ist der Lohn für eure Falschheit!» Seine Anteile, die eine wirkliche Beziehung unmöglich machen, sieht er noch nicht. Die tiefe Erfahrung von Unrecht läßt die Sehnsucht entstehen, endlich Gerechtigkeit zu erleben. Dieses unbändige Bedürfnis kann zur Selbstschädigung, ja zur Selbstvernichtung führen. Heinrich von Kleist hat dies in seiner Novelle *Michael Kohlhaas* brillant beschrieben: Michael Kohlhaas will als sehr vermögender Pferdehändler sein Recht gegen einen Adeligen erstreiten; dieser hatte ihm ein vergleichbar geringfügiges Unrecht angetan. Einige seiner Pferde, die er als Wegezoll zurücklassen mußte, waren auf Geheiß des Adeligen zugrunde gerichtet worden. Als er bei Gericht nichts erreichen konnte, gründete Michael Kohlhaas eine Privatarmee. Bei dieser Auseinandersetzung verlor er nacheinander seinen besten Freund, seine Frau, seinen Sohn und seine gesamte Habe. Er wurde vogelfrei und schließlich gehängt.

Die Sehnsucht nach Gerechtigkeit ist im Grunde die Sehnsucht nach Zuneigung und Wertschätzung, nach der Gewißheit, willkommen zu sein. In einem Bild läßt sich dies verdeutlichen: Ein

Säugling liegt schreiend in der Wiege und gibt damit zu erkennen, daß ihm etwas fehlt. Er fordert, versorgt zu werden, und er fordert, daß man ihm gerecht wird – er fordert in gewisser Weise Gerechtigkeit. Menschen wie Hans mein Igel, die niemals genügend Wärme, Zuneigung und Liebe geschenkt bekamen, wissen nicht anders zu verfahren, als sich das zu nehmen, sprich zu ertrotzen, was in ihren Augen ihr gutes Recht ist. Meist ist ihnen nicht bewußt, daß sie ihren Gerechtigkeitssinn extrem übersteigern und nicht bemerken, daß sie damit längst die Rechte anderer verletzen.

Der Hang zu Extremen wohnt, wie bereits erwähnt, in Hans mein Igel. Das Alles-oder-Nichts ist ein Hauptmerkmal der Borderline-Störung. Viele Menschen, die mit diesen Schwierigkeiten in die Therapie kamen, berichteten davon, daß sie nicht selten mit ihrem Leben gespielt haben, nicht nur in Form von Suizidversuchen oder irgendwelchen Sauf- oder Drogenexzessen, sondern häufig, indem sie Gefahr suchten. Eine Frau erzählte, daß sie sich häufig bei hoher Fahrgeschwindigkeit auf den Rücksitz des Motorrads gestellt habe. Ein Mann sprang immer wieder heimlich von Brücken in Flüsse und Talsperren. Sehr häufig wurde berichtet, daß rücksichtsloses Autofahren praktiziert worden sei, wobei bewußt Beinaheunfälle provoziert wurden. Die Ideen, wie über gefährliche Spiele ähnlich wie beim Russischen Roulette starke Reize erzeugt werden können, sind grenzenlos. Mitunter hatte diese Suche nach überstarken Reizen sogar einen suchtartigen Charakter. Immer wieder verwunderte es mich, daß diese häufigen halsbrecherischen Experimente überlebt wurden.

Der Hintergrund für diese Sucht nach Gefahr ist wohl in erster Linie das Bestreben, eine innere Leere zu bewältigen. Der innere Kampf mit dem Gefühl, unerwünscht zu sein, wird in einen äußeren Kampf verlagert. Der Hans-mein-Igel-Mensch will es immer wieder wissen: Wie weit kann ich gehen? Was kann ich noch alles riskieren? Wo ist die Grenze? Wie weit werde ich akzeptiert?

Im Märchen tritt die Ablehnung des Vaters unverhohlen zu Tage: «Wenn er nur stürbe», denkt er. Er will ihn nicht. Diese Haltung drückt sich in allen seinen Gesten, in seiner Mimik sowie im Tonfall seiner Stimme aus und muß Hans mein Igel in seinem Daseinsgefühl tief verletzen. Immer wieder neu stellt sich dieser die Frage: «Bin ich erwünscht?» Er stellt sein Schicksal auf die Probe: «Bin ich es wert, daß mir dies noch gelingt, daß ich jenes noch überlebe?» Das Spiel mit der eigenen Existenz, mit dem Tod, hat bei ihm den Charakter der Wiederholung. Es ist, als wollte er den Göttern eine Antwort abringen. Die Sehnsucht nach Antwort ist stark und entspringt einem tiefen existentiellen Bedürfnis. Es wird sie jedoch in dieser Form nicht geben; durch das Überleben gefährlicher Situationen läßt sich die Frage nach der persönlichen Existenzberechtigung nicht beantworten. Denn selbst wenn eine halsbrecherische Situation gelungen ist, wird dies nicht lange als Bestätigung, *sein zu dürfen,* vorhalten. Manchmal macht ein Unfall mit lebensbedrohlichen Verletzungen, Intensivstation und anschließender langwieriger Genesung die Kapitulation möglich, die Erkenntnis, daß sich das Problem so nicht lösen läßt. Nicht selten halten aber auch schwere Verletzungen den Hans-mein-Igel-Menschen nicht vor erneuter Tollkühnheit ab.

Solche Menschen fühlen sich merkwürdigerweise dann am sichersten, wenn sie am Rande ihrer Existenz stehen. In Situationen, in denen sie sich tatsächlich sicher fühlen könnten, treten Ängste auf, die ihnen ein Gefühl von Unsicherheit vermitteln. Ein Hans-mein-Igel-Mann drückte dies so aus: «Ich fühle mich immer mehr zu meiner schwarzen Seite hingezogen; die will ich nicht missen, denn wenn ich damit in Kontakt bin, geht es mir besser.»

Die Verletzung

Ohne Übertreibung kann man sagen, daß manche Menschen, die in einer Beziehung mit einem Hans-mein-Igel-Partner leben, durch die Hölle gehen. Wenn wir uns der Prinzessin zuwenden, die von Hans mein Igel zerstochen wurde, dann heißt es im Märchen: Sie war gezeichnet für ihr Lebtag. Ich erinnere mich noch lebhaft an eine Frau, die in der Psychotherapie über eine vergangene Beziehung berichtete. Sie schilderte diese als äußerst qualvoll über viele Jahre. Obwohl sie immer wieder vorhatte, auszusteigen und die Beziehung zu beenden, gelang ihr dies nicht, und wenn sie ihre Situation genau untersuchte, dann war deutlich, daß es ihr noch immer nicht gelungen war, sich gefühlsmäßig zu lösen und wirklich frei zu sein.

Offensichtlich war die Patientin in eine Beziehung zu einem Menschen geraten, der eine Hans-mein-Igel-Problematik hatte, dies ließ sich aus ihren Schilderungen leicht ableiten. Sie fühlte sich gefühlsmäßig extremen Wechselbädern ausgesetzt. Auf heftige Eifersuchtstiraden, häufig mit Gewalttätigkeiten verbunden, folgten intensive Liebesbeteuerungen und Entschuldigungen. Der Hans-mein-Igel-Mann ließ ihr keine Luft zum Atmen. Ständig stand sie unter seiner Bewachung und Kontrolle. Wenn sie einmal mit Arbeitskolleginnen feiern oder ausgehen wollte, mußte sie unberechenbare Reaktionen fürchten. Mitunter hielt sie seine radikalen Ansprüche und seine Eifersucht für Zeichen seiner Liebe und war bereit, vieles zu verzeihen; dann wieder fühlte sie sich verwirrt und ausgelaugt, mitunter resigniert und wie gebrochen. Nach einiger Zeit entwickelte sich eine Hörigkeit, die den eigenen Willen vielfach ausschloß. Der Psychoterror hatte ihre Persönlichkeit immer weiter zerstört, so daß Widerstand zunehmend unmöglich wurde.

Schließlich kam sie frei aus ihrem Gefängnis – genau so, wie es im Märchen beschrieben wird. Sie wurde fortgejagt, der Hans-mein-Igel-Mann hatte sich einer anderen Frau zugewandt.

Dabei hatte alles so wunderbar angefangen. Von der kindlichen Bedürftigkeit nach Liebe bei ihrem Hans-mein-Igel-Mann fühlte sie sich zu Beginn der Beziehung magisch angezogen. Für sie bedeutete es eine innere Befriedigung, Liebe an jemanden zu verschenken, der doch so bedürftig war. So wurde die Beziehung, die eigentlich keine werden sollte (man war in vielem zu verschieden, in der sozialen Zugehörigkeit zum Beispiel und dem Ausbildungsstand), rasch enger. Zu spät merkte sie, daß sie in eine mörderische Abhängigkeit geraten war.

Der jahrelange Terror hatte schwere Folgen für ihre Persönlichkeit und für fast alle Dimensionen ihrer Existenz. Die Patientin litt unter tiefen Wut- und Haßgefühlen, nicht nur gegen den Expartner – ganz besonders gegen sich selbst. Wie konnte sie sich dies alles gefallen lassen? Warum hatte sie nur alles ertragen und nicht auf Freunde gehört, die ihr immer wieder zu einer Trennung rieten? Sie suchte die Schuld auch bei sich, indem sie fragte, was sie wohl verkehrt gemacht hatte. Schließlich hatte sie ihren Hans-mein-Igel-Mann doch einmal geliebt und mit allen Mitteln versucht, ihn glücklich zu machen.

Auf merkwürdige Weise spürte die Patientin einen inneren Zwiespalt: Einerseits war sie froh, daß der Terror vorüber war, andererseits fühlte sie eine noch stärkere Energie in sich, die den Wunsch nach Fortsetzung der Beziehung beinhaltete. Die einzige Lösung für ihren Schmerz und für ihr Drama sah sie darin, alles noch einmal zu beginnen, quasi von vorne. Vielleicht würde doch noch alles gut, und sie hätte nicht umsonst gelitten. Ihr Verstand sagte ihr, daß dies völlig aussichtslos wäre; denn in der Vergangenheit war es immer wieder zu kurzen Trennungen gekommen. Die alten Zustände stellten sich jedoch unabdingbar immer wieder ein. All dies wußte sie, aber da war etwas in ihr, nach dem sie wie nach einer Droge gierte. Sie war förmlich süchtig nach der Beziehung. Den selbstzerstörerischen Charakter ihrer Handlungen konnte sie erkennen und beschreiben, einen Ausweg aus dem Dilemma sah sie nicht.

«Sie war gezeichnet für ihr Lebtag», so sagt das Märchen und hat damit wieder einmal recht. Besagte Patientin litt nach vielen Jahren immer noch unter den massiven Folgen dieser Erlebnisse. Für ihre alltägliche Situation bedeutete dies, daß sie viel Energie aufwandte, um alles zu vergessen. Dies gelang zwar zeitweise, die unverarbeiteten Kränkungen kamen jedoch immer wieder wie bittere Galle hoch.

Nach der Trennung von dem Hans-mein-Igel-Mann hatte sie sich geschworen, nie wieder dürfe ein Mensch etwas Ähnliches oder Gleiches mit ihr machen. Sie wollte daher überhaupt keine Beziehung mehr eingehen. Diesem Vorsatz blieb sie insofern treu, als sie zwar mit potentiellen Partnern in Kontakt kam und bei einigen das Gefühl entwickeln konnte, daß sie zu ihr passen würden (natürlich hatte sie auch große Sehnsucht nach Zuneigung und Geborgenheit), aber immer dann die Beziehung beendete, wenn diese enger wurde. So spielte sie mit Beziehungen und kränkte ihre Partner bewußt. Ihre Haßgefühle hatte sie auf alle Männer ausgedehnt und nahm Rache an ihnen. Letztlich fand sie keinen Ausweg aus ihrer Situation. Sie litt unter Schlaflosigkeit und verschiedenen anderen psychosomatischen Beschwerden wie Migräne und Rückenschmerzen und nahm zunehmend mehr Schlaftabletten, später Alkohol zu sich. Der Weg in die Suchtkrankheit war damit vorgezeichnet.

So oder ähnlich verlaufen Beziehungen mit Menschen, die ein Hans-mein-Igel-Problem haben. Immer wieder wird Liebe mit Abhängigkeit verwechselt. Liebe ist ein Kind der Freiheit und setzt voraus, daß beide Partner beziehungsfähig sind. Menschen wie Hans mein Igel sind zunächst nicht beziehungsfähig und werden dies häufig auch nicht. Sie sind nicht in der Lage, sich selbst zu lieben, denn die frühe Prägung und Störung verursachen dieses tiefe Mißtrauen sich selbst und anderen gegenüber. Sie saugen den Partner förmlich aus und sind unersättlich nach Beweisen dafür, existenzberechtigt zu sein. Auch wenn sie diese erhalten, können sie nicht daran glauben, daß sie selbst gemeint sind. Sie sind tief innen davon überzeugt, daß es für sie keine Existenzberechtigung gibt und damit auch keine Liebe geben kann. So ist es zu verstehen, daß sie dazu übergehen, den Partner zu kränken und zu verletzen nach dem Motto: «Ich werde dir schon zeigen, daß du mich nicht wirklich liebst!» Außerdem ist negative Zuwendung, wie oben beschrieben, für sie etwas Bekanntes, etwas, das ihnen in ihrer Kindheit immer wieder begegnete. Damals war Bestrafung, oft in Form von körperlicher Mißhandlung, die einzige Form der Zuwendung. Es gab nichts anderes.

In der Psychotherapie fragte die oben erwähnte Patientin nach ihren eigenen unbewußten Motiven, die sie wohl veranlaßt hatten, einen Hans-mein-Igel-Mann zum Partner zu wählen. Partnerbeziehungen entstehen, wie bereits erwähnt, nach dem «Schlüssel-Schloß-Prinzip». Unbewußt sucht ein Mensch immer den Partner für sich aus, der zu seinen eigenen Problemen paßt. Meist beherrscht er all die Dinge, die man selbst nicht kann oder sich nicht zu leben traut. Mitunter ist es auch eine tiefe Sehnsucht nach etwas, was in der frühen Kindheit unbefriedigt blieb. Bei der Auseinandersetzung mit der Beziehung zu ihrem Hans-mein-Igel-Mann erkannte die Patientin große Übereinstimmung mit dem Verhalten ihres Vater in ihrer Kindheit. Der Vater war alkoholkrank und setzte sie ebenfalls einem Wechselbad von Gefühlen aus. Wenn er eine gute Phase hatte, trug er seine Tochter, an der er mit Affenliebe hing, förmlich auf Händen und verwöhnte sie; dann wieder war er brutal, abweisend und unberechenbar. Da der Vater die Familie früh verließ, blieb etwas Unerledigtes in besagter Patientin zurück. Mit Hilfe der Beziehung zu ihrem Hans-mein-Igel-Mann versuchte sie, ihr Defizit zu heilen. Mit traumwandlerischer Sicherheit hatte sie genau den Partner gefunden, mit dem sie ihr Drama wiederholen konnte. Dieser Zwang, das Drama zu wiederholen, erklärt auch, warum viele Menschen, die aus gescheiterten Beziehungen endlich herausgefunden haben, fast immer auf ähnliche Partner zugehen und erneut leiden müssen.

Menschen wie Hans mein Igel, die einen großen Hunger nach Verschmelzung und Liebe haben, verfügen nicht selten über eine geradezu übersinnliche Fähigkeit, genau die Sehnsüchte und verborgenen Wünsche zu erspüren, die in einem anderen Menschen unerfüllt geblieben sind. Ausgerüstet mit diesem Talent gelingt es ihnen, andere Menschen von sich abhängig zu machen, indem sie das Gefühl vermitteln, die geheimen Sehnsüchte erfüllen zu können.

Charakteristisch für den Beginn einer Liebesbeziehung mit einem Hans-mein-Igel-Partner ist der radikale Anspruch; alle Regeln menschlichen Zusammenlebens scheinen sich aufzulösen. Es ist ein Rausch, der verspricht, in höchste Höhen zu führen. Dabei bleibt der Abgrund gleich daneben wahrnehmbar, erscheint jedoch völlig bedeutungslos im Vergleich zu dem, was es scheinbar zu gewinnen gibt. Sich aus dieser Umklammerung zu befreien bedarf fast übermenschlicher Anstrengungen; denn das «injizierte Rauschgift» verursacht Entzugserscheinungen. Eine solche Liebe wird oft mit reifer partnerschaftlicher Liebe verwechselt. Während partnerschaftliche Liebe dem Gegenüber und sich selbst jedoch Freiheit und Autonomie beläßt, ist abhängige Liebe mit der absoluten Angewiesenheit eines kleinen Kindes auf die Liebe und Zuneigung der Mutter zu vergleichen. Da diese frühe Liebe so lange vermißt und unerfüllt blieb, ist die Sehnsucht so gewaltig.

Die Gemeinschaft

Am zweiten Königshof findet die Transformation und Erlösung von Hans mein Igel statt. Im Märchen hat vieles magischen Charakter. Besonders die Erlösung, die in jedem Märchen nach vielen Strapazen, Irrungen und Rückschlägen stattfindet, geschieht immer wundersam, rituell und in Form eines kurzen, magischen Prozesses. Plötzlich scheint alles leicht und wie von selbst zu gehen, und man fragt sich: Warum nicht gleich so?

Doch offensichtlich gehören auch die Irrwege und Fehler zum menschlichen Leben. Sie wollen alle gemacht werden. Eine uralte Erkenntnis ist, daß Menschen nur durch *Leid* lernen. Leid ist demnach nicht so sehr etwas, was es unter allen Umständen zu vermeiden gilt, sondern Leid ist im Grunde notwendig, um die eigenen Unzulänglichkeiten, mit denen jeder Mensch behaftet ist, besser zu verstehen und dann auch bearbeiten zu können. Leid ist zum persönlichen Wachstum unumgänglich, daher ist es viel zu wertvoll, als daß es einfach abgestellt werden darf.

Wer dies versucht, lädt immer mehr Leid auf sich. Dies läßt sich zum Beispiel an der Suchtkrankheit leicht nachweisen. Wenn jemand sein Leid nicht spüren will und es mit Alkohol, Drogen oder Medikamenten betäuben möchte oder davor wegläuft, ist die Wahrscheinlichkeit, daß er suchtkrank wird, groß – sofern er nicht bald Möglichkeiten sucht, das Leid wirklich zu verstehen, zu durchleben und Lösungen für seine Probleme zu finden. Der Suchtkranke erlebt durch die Sucht eine extreme Steigerung von Leid. Sein Leben wird immer qualvoller. Die Suchtkrankheit ist in der Regel viel qualvoller als das eigentliche Leid, gegen welches das Betäubungsmittel angewandt wird. Auch andere Krankheiten können selbstverständlich Hinweise auf tiefer liegendes Leid sein.

Wenn ich das Hans-mein-Igel-Märchen in der Psychotherapie mit Patienten bespreche, stelle ich an diesem Punkt immer die Frage, wo sie einen solchen Ort vermuten, an dem ein Mensch wie Hans mein Igel willkommen ist, wo er sich angenommen fühlen kann, obwohl er so sonderlich aussieht. Es dauert nie sehr lange, bis auf diese Frage die Antwort kommt: «Hier bei uns, in der therapeutischen Gemeinschaft!» Ich persönlich glaube auch, daß der einzig vorstellbare Ort eine gute Selbsthilfegruppe oder eine therapeutische Gemeinschaft ist. Familie oder Bekannte sind in dieser Phase nicht die richtigen Partner für Hans mein Igel. Falsch verstandenes Mitleid oder Ablehnung würde die notwendige neutrale Haltung unmöglich machen. Auch eine Partnerin kann letztlich die Probleme von Hans mein Igel nicht allein lösen. Die Prinzessin am zweiten Königshof steht somit für ein Prinzip, für eine Haltung innerhalb der therapeutischen Gemeinschaft.

Das Angebot einer solchen Gemeinschaft lautet: «Egal, wie du heißt und wer du bist, was du getan hast, wo du gescheitert bist und versagt hast – wir heißen dich willkommen, wenn wir spüren, daß du bereit bist, ernsthaft an deinen Schwierigkeiten zu arbeiten.»

Häufig genug geht es den Mitgliedern der therapeutischen Gemeinschaft wie der Prinzessin. Sie erschrecken vor dem Neuen, der doch «gar zu wunderlich aussieht», da er sich bizarr und auffällig verhält. Aber sie geben die Zusage, daß sie mit ihm gehen.

Im Märchen heißt es, die Prinzessin gehe ihrem alten Vater zuliebe mit Hans mein Igel. Auch mit dem «alten Vater» ist so etwas wie ein Prinzip gemeint. Der alte Vater bedeutet hier: der, mit dem ich vertraut bin, der mich kennt, der mich trägt, auf den ich vertrauen kann. Ein Bild, das im Herzen aller Menschen lebt, das jedoch häufig nicht entdeckt und erkannt wird. Dieses Prinzip kann auch so verstanden werden, daß es sich um den «guten Geist» handelt, der in einer Gruppe existiert. Alle Mitglieder der Gruppe wissen sich von ihm getragen. Vielfach ist es so, daß

Gruppenmitglieder berichten, daß sie noch nie in ihrem Leben so viel Zuneigung, Wärme und Verständnis erfahren haben wie in der therapeutischen Gemeinschaft.

Richard Beauvais hat 1964 eine Präambel für die therapeutische Gemeinschaft geschrieben:

Ich bin hier, weil es letztlich kein Entrinnen vor mir selbst gibt.

Solange ich mir nicht selbst in den Augen und Herzen meiner Mitmenschen begegne, bin ich auf der Flucht.

Solange ich nicht zulasse, daß meine Mitmenschen an meinem Innersten teilhaben, gibt es für mich keine Geborgenheit.

Solange ich mich fürchte, durchschaut zu werden, kann ich weder mich selbst noch andere erkennen – ich werde allein sein. Wo kann ich endlich einen Spiegel finden, wenn nicht in meinem Nächsten?

Hier in der Gemeinschaft kann ich mir erst richtig klar über mich werden und mich nicht mehr als den Riesen meiner Träume oder als Zwerg meiner Ängste sehen, sondern als Mensch, der – Teil eines Ganzen – zu ihrem Wohl seinen Beitrag leistet. In solchem Boden kann ich Wurzeln schlagen und wachsen; nicht mehr allein – wie im Tod –, sondern lebendig ein Mensch unter Menschen.[1]

In der therapeutischen Gemeinschaft kann soziales Lernen stattfinden. Ein Mensch wie Hans mein Igel mit einer großen Anzahl von selbstschädigenden und krankmachenden Verhaltensweisen benötigt dringend ein Korrektiv, welches einerseits gefühlsmäßi-

[1] In den USA ist dieser Text zum Credo der Daytop-Bewegung (eine Organisation, die sich vergleichbar erfolgreich der Therapie Drogenabhängiger widmet) geworden. Dr. Richard Beauvais gründete einige Jahre nachdem er diesen Text geschrieben hatte, selbst eine Wohngruppe für Menschen mit seelischen Problemen – Wellspring Foundation Inc. in Bethlehem, Connecticut. Dr. Walter Lechler brachte den obengenannten Text nach Deutschland und machte ihn zur Grundlage des Therapiekonzepts der Fachklinik Bad Herrenalb, der bekannten Klinik für psychosomatische Erkrankungen und Suchtkrankheiten, die er viele Jahre leitete.

gen Halt in Form von Zuneigung und Wertschätzung bietet, jedoch andererseits auch bereit ist, destruktives Verhalten nicht zu akzeptieren. Im Märchen heißt es, daß Hans mein Igel sich mit an die Tafel des Königs setzen *muß*. An dieser Stelle heißt es nicht, daß er sich an die Tafel des Königs setzen *darf*. Er soll und er muß, so als sei es eine Leistung für ihn. Er soll hineingenommen werden in die Gemeinschaft der Tafelrunde.

Das gemeinsame Mahl hat nicht nur die Aufgabe, den Hunger zu stillen. Das Festessen zu einem bestimmten Anlaß hat in erster Linie rituellen Charakter. Das gemeinsame Essen ist ein Zeichen der Gemeinschaft, des Vertrautseins und der Zusammengehörigkeit. Diesen Mechanismus kennen auch Geschäftsleute, die zunächst gemeinsam essen, hierbei eine vertrauensvolle Atmosphäre schaffen und viel leichter zu Geschäftsabschlüssen oder finanziellen Transaktionen gelangen.

Für Hans mein Igel ist das Hineingenommenwerden in die Gemeinschaft von großer Bedeutung. Alles, was wir bis jetzt über seine Persönlichkeit wissen, deutet darauf hin, daß er viele Schwierigkeiten mit sich und im Umgang mit anderen Menschen hat. Sein Leben ist bis dahin chaotisch verlaufen. Ihm haben tiefere, befriedigende Kontakte zu seinen Mitmenschen gefehlt; alles, was er bisher versuchte, um seinem Leben eine Richtung oder Ordnung zu geben, scheiterte. Menschen wie Hans mein Igel leiden unter vielen Ängsten, da ihr Leben unsicher und ohne inneren Halt ist. Das innere Chaos ist auch an seinem Verhalten in der Gemeinschaft wiederzuerkennen. Es fällt ihm schwer, sich an Regeln zu halten, Rücksicht auf andere zu nehmen und zuzulassen, daß andere ihm näherkommen. Menschen wie Hans mein Igel fühlen sich in der therapeutischen Gemeinschaft zunächst wie in einem Käfig. Sie rebellieren gegen die Ordnung, fühlen sich zu allem gezwungen, auch zu Verhaltensweisen, von denen sie (verstandesmäßig) wissen, daß sie gut für sie sind. Etwas Selbstzerstörerisches lebt in ihnen. Mitunter sind sie lebende Pulverfässer, die bei nichtigen Anlässen zur Explosion neigen, oder aber die Energie wirkt zerstörerisch gegen die eigene

Person in Form von selbstschädigenden Verhaltensweisen, wie beim Aufritzen der Haut mit Glasscherben, Rasierklingen und ähnlichem. Ihre Neigung zu Extremen wird wieder darin sichtbar, daß Gruppenmitglieder in zwei Lager eingeteilt werden: Entweder sind sie gut oder böse. Das gleiche gilt natürlich auch für Therapeuten, die entweder totale Akzeptanz oder totale Ablehnung erfahren. – Es ist schwierig für andere, dieses Lebensgefühl nachzuvollziehen.

Die Aussage des Märchens, daß Hans mein Igel mit an die Tafel des Königs *muß*, ist in der Realität eine große Herausforderung:

Als Herr M. das erste Mal in die Therapiegruppe kam, war er verstimmt, denn er sah, daß ein Therapeut, mit dem er bereits in der Aufnahmegruppe gestritten hatte, anwesend war. Gleich begann er, seinem Ärger auf üble Weise Luft zu machen. Mit Beschimpfungen und Unterstellungen suchte er Streit. Er beschimpfte den Therapeuten wegen seiner angeblich herablassenden und menschenverachtenden Haltung, ohne ihn näher zu kennen. Natürlich war ihm nicht bewußt, daß er wieder dem Spaltungsmechanismus zum Opfer gefallen war. Wieder hatte er jemanden gefunden, auf den er Selbsthaß und Selbstablehnung projizieren konnte. (Die Wut, die er seinem Gegenüber entgegenschleuderte, galt in Wirklichkeit ihm selbst: Da er früh in seinem Leben abgelehnt wurde, fehlte ihm die Fähigkeit, sich selbst zu akzeptieren.) Die neue Situation in der Gruppe machte ihm natürlich auch viel Angst, die er jedoch nicht zeigen wollte. Mit seinem inszenierten Ärger verschaffte er sich das Gefühl von Überlegenheit und machte den restlichen Gruppenmitgliedern mit seinem Verhalten deutlich, daß mit ihm nicht zu spaßen sei. Ein gleichzeitig anwesender Therapeut griff bald in das Geschehen ein, denn wenn Herr M. sich erst einmal in seinen Ärger hineingesteigert hätte, wäre er in seinen ungesteuerten Verhaltensweisen nicht mehr zu erreichen gewesen. In dieser Situation ging es darum, Struktur in das Geschehen zu bringen. Der zweite

Therapeut sprach Herrn M. auf seine mitunter mangelhaften Möglichkeiten an, Ärger zu kontrollieren. Herr M. ließ sich auf dieses Gespräch ein und wurde sichtlich ruhiger und sachlicher. Ihm wurden die Hintergründe seines Verhaltens erklärt. Er war überrascht, daß jemand sein Innenleben so genau kannte. Er begann sich dafür zu interessieren, wieso er immer wieder in ähnlicher Weise in Schwierigkeiten geriet. Entscheidend war auch, daß er in dem zweiten Therapeuten jemanden sah, den er zunächst völlig kritiklos akzeptieren konnte.

Deutlich wird an diesem Beispiel auch die Spaltung, die Herr M. vornimmt. Der erste Therapeut wird radikal abgewertet, während der zweite idealisiert wird. Menschen wie Hans mein Igel spalten meist auch die Therapiegruppe in zwei Lager. Die eine Hälfte der Gruppe wird bekämpft, weil sie gegen ihn ist und angeblich dafür sorgen will, daß er die Behandlung nicht durchführen kann (meistens hat er selbst mit seinem Verhalten dafür gesorgt, daß er von diesen Gruppenmitgliedern abgelehnt wird), die andere Hälfte wird sich mit ihm solidarisieren. Zu beobachten ist immer wieder, daß diese Patienten es auch schaffen, das Behandlungsteam zu spalten. Einige Mitarbeiter werden zum Beispiel glauben, daß auf dem Hintergrund der schweren Persönlichkeitsstörung andere Regeln, mehr Nachsicht gelten sollten; demgegenüber werden Stimmen laut, die die Meinung vertreten, daß dieser Patient für die Klinik auf Grund seines extrem auffälligen Verhaltens nicht tragbar sei und eine andere Institution gefunden werden müsse. Das Spaltungsproblem spiegelt sich schließlich in den heftigen Meinungsverschiedenheiten, die das Team austrägt.

Hans mein Igel muß mit an die Tafel des Königs; es ist seine Chance – für ihn erscheint sie jedoch zunächst als eine unmögliche Zumutung. Immer wieder wird er mit dem Spaltungsmechanismus konfrontiert. Er wird mühsam lernen müssen, daß nicht alles schwarz oder weiß ist. Dies ist mit Zulassen von Ängsten verbunden. Solange Hans mein Igel in einem der beiden Extreme lebt, fühlt er sich sicher in seiner Welt. Unsicher wird alles, wenn andere Farbtöne zwischen den Extremen zugelassen werden. Besondere Bedeutung wird die Beziehung zum Therapeuten haben, den er mitunter wie eine Wand erlebt. Er wird den Therapeuten idealisieren, sich eventuell in ihn verlieben, ihn hassen und gnadenlos abwerten, dann wieder als Retter erleben, mit dem man am liebsten ewig zusammen bleiben will; er wird versuchen, den Therapeuten zu beherrschen, um sich im Bedarfsfall völlig klein zu zeigen. Er wird Konfusion und Verwirrung herstellen, therapeutische Verträge brechen, seinen Spielraum austesten...

Ziel ist es, daß er zunehmend lernt, den Therapeuten als reale Person wahrzunehmen, die nicht nur schwarz oder weiß ist, sondern mit vielen Zwischentönen, mit positiven und negativen Eigenschaften. Wichtig wird es sein, sich im «Hier und Jetzt» aufzuhalten und immer wieder die gemeinsame Beziehung zu reflektieren. Hans mein Igel wird sich weigern, selbständig zu werden. Immer wieder wird er versuchen, andere für sich in die Verantwortung zu bringen. Mitunter wird er zu drastischen Methoden greifen, etwa wenn sich nicht alles nach seinen geäußerten Bedürfnissen richtet. Wenn er frustriert ist, wird er mit Therapieabbruch drohen oder mit Suizid, mit Selbstverletzung, mit Gewalt oder extrem auffälligem Verhalten. Weitere Mittel, sich vor Verantwortung zu drücken, sind unter anderem die Einnahme von Suchtmitteln oder der Einsatz von süchtigen Verhaltensweisen wie exzessivem Essen, Arbeiten, Spielen. Es ist wichtig, daß zu Beginn der Behandlung ein Therapievertrag formuliert wird, der den Verzicht auf destruktives Verhalten beinhaltet.

Die Beziehung zum Therapeuten, die sich im Verlauf der Therapie verändert, die reifer wird und die Hans mein Igel im Ausleben von positiven Verhaltensweisen – über die er natürlich auch verfügt – unterstützt, kann zum Modell für zukünftige Beziehungen werden.

Die therapeutische Gemeinschaft bietet mit ihren vielen Mitgliedern natürlich auch die Möglichkeit der Fixierung. Wie oben beschrieben, sind Partnerbeziehungen von Menschen mit dem Hans-mein-Igel-Problem in typischer Weise extrem symbiotisch, eng und radikal. Traumwandlerisch sicher findet Hans mein Igel seine Partnerin oder seinen Partner, und das Beziehungsdrama nimmt seinen Lauf. Nicht selten scheitert die Therapie an dieser Stelle. Mit den Worten des Märchens wäre Hans mein Igel wieder einmal am ersten Königshof gelandet, wo es für ihn keine Erlösung gibt.

Sowohl für die Therapiegruppe als auch für die Therapeuten sind Menschen wie Hans mein Igel eine extreme Herausforderung. Sie versuchen ständig, Beachtung zu erzwingen, wollen im Mittelpunkt stehen und ertragen kaum, daß sie nicht ständig Aufmerksamkeit erhalten können. Ihre große (in Wirklichkeit berechtigte) Angst vor Ausgeliefertsein und Abhängigkeit bringt sie dazu, die anderen Gruppenmitglieder zu beherrschen, sie mit Aggressionen in Schach zu halten. Hier ist die Möglichkeit des Scheiterns der Therapie gleich am Anfang gegeben: wenn die anderen Gruppenmitglieder sich unterwerfen, den radikalen, übertriebenen Forderungen nachgeben. Sie werden so zum Spielball und sind nicht mehr in der Lage, das notwendige Korrektiv zu sein, das auf den Regeln der Gemeinschaft besteht. Der Mensch mit dem Hans-mein-Igel-Problem muß lernen, seinem Leben Struktur und Ordnung zu geben, sonst wird er weiter in Unsicherheit und Angst, verursacht durch sein Chaos, leben. Die therapeutische Gemeinschaft (die Therapiegruppe) muß sich ihm daher in den Weg stellen, wenn er sich unangemessen, willkürlich oder selbstzerstörerisch verhält. Sowohl die therapeutische Gemeinschaft als auch die Therapeuten dürfen sich von seinen tiefen Wut- und Haßgefühlen nicht erschrecken lassen, sondern es gilt, daran festzuhalten, daß er sich mit ihnen auseinandersetzen kann. Die Therapeuten sind hier besonders gefordert, für Klarheit und Unterstützung der *gesunden* Anteile in der Gruppe zu sorgen. Nicht selten geschieht es, daß auch sie vor dem dominant-aggressiven Auftreten zurückweichen, der Therapiegruppe so die notwendige Rückendeckung nicht geben und dem Chaos zum Durchbruch verhelfen. Die Folge sind dann Entwertung der Therapie, Therapieabbrüche, Rückfälle und so weiter. Letztlich hat der Patient mit der Hans-mein-Igel-Problematik zwar bekommen, was er will, aber nicht das, was er braucht. Außer dem üblichen Chaos ist nichts gewesen, nichts hat ihm geholfen, was für ihn bedeutet: nichts kann mir helfen, also – weiter wie bisher!

Hans mein Igel muß an die Tafel des Königs. Dies hat nicht nur den Aspekt, daß er sich anpassen, die Spielregeln akzeptieren muß, sondern auch den, daß ihm die Gemeinschaft angeboten wird. Er bekommt auch etwas geschenkt, was in seiner Bedeutung nicht zu unterschätzen ist. Beides ist erforderlich, eine grundsätzlich positive Haltung (ich weiß, daß du es schaffen kannst, ich bleibe an deiner Seite) sowie eine unerpreßbare, klare Haltung, die auf der Respektierung der Spielregeln besteht und unrealistisches Verhalten konfrontiert. Fehlt eins der beiden Elemente, ist Fortschritt nicht nur nicht möglich, sondern das Scheitern vorprogrammiert.

In der therapeutischen Gemeinschaft lernen alle Mitglieder, Verantwortung zu tragen: für sich selbst, für andere Gruppenmitglieder und für die Gemeinschaft. Die Mitglieder untereinander machen sich auf ihre krankmachenden Verhaltensweisen und Einstellungen wie Passivität, Rückzug, Abwehr, unrealistisches Denken, Rücksichtslosigkeit, Aggression aufmerksam. Das heißt, schädliche Verhaltensweisen werden konfrontiert! Dabei ist es wichtig, daß diese Konfrontation aus einer sorgenden Haltung heraus, in Form von Rückmeldungen geschieht. Den Raum für Konfrontation bieten in der Regel Großgruppen-Veranstaltungen, sogenannte «Komiteesitzungen», die feste Regeln haben und in denen bestimmte Tagesordnungspunkte nach einem festgelegten Schema durchgearbeitet werden. Tagesordnungspunkte können zum Beispiel so formuliert sein: «Bericht über therapeutische Aufgaben, die vom Therapeuten gestellt wurden, Bericht über Heimattage, Verhaltensrückfälle und Meldungen zu sich selbst.» Ein Gruppenmitglied konfrontiert ein anderes beispielsweise so: «In der Freizeit sehe ich, daß du dich immer auf dein Zimmer zurückziehst. Das habe ich am Anfang meiner Therapie auch so gemacht. Ich würde gerne einmal mit dir in der Teeküche reden.» Die Passivität wird konfrontiert! Es wird ein Beziehungsangebot gemacht!

Die Wandlung

Hans mein Igel ist mit dem Mahl fertig, und es ist Zeit, schlafen zu gehen. Es ist deutlich, daß mehr Nähe und wirkliche Beziehung in dem Zustand, in dem er sich noch befindet, nicht stattfinden kann. So hat die Königstochter berechtigterweise Angst. Hans mein Igel ist noch zu sehr er selbst, und jeder muß sich vor ihm fürchten. Aber er ist bereit, etwas zu tun, um sich und anderen die Angst zu nehmen. Er hat so viel Vertrauen entwickelt, daß er aus der Igelhaut herausschlüpfen will. Wir erinnern uns an sein krankhaft zu nennendes Mißtrauen allem und jedem gegenüber. Zu viele Verletzungen, Demütigungen, Niederlagen und Ausgrenzungen hat er erfahren müssen, als daß ihm diese Entscheidung leicht fiele. Der Igelpelz war sein Schutz und seine Stacheln Verteidigungswaffen. Im Bedarfsfall konnte er sich in ihn zurückziehen. Er ist ihm zur Überlebenshilfe geworden, und er gehört in einer Weise zu ihm, daß er sich ein Leben ohne seinen Igelpelz zunächst nicht vorstellen kann. So wie der Süchtige sich ein Leben ohne Suchtmittel nicht vorstellen kann, wenn er an der Droge hängt, so ist auch Hans mein Igel abhängig von seinem Igelpelz. Das Märchen behauptet, daß es keine andere Möglichkeit gebe als seine vollständige Beseitigung. Hans mein Igel schlüpft aus dem Igelpelz hinaus und läßt ihn vor dem Bett liegen. Zuvor sind vier starke Männer bestellt worden, die herbeispringen müssen, um den Igelpelz unmittelbar ins Feuer zu werfen. Sie sollen darauf achten, daß alles verbrennt, nichts darf übrigbleiben.

Das restlose Verbrennen der Igelhaut steht für den vollkommenen Verzicht auf aggressive Abwehr, die eigentlich notwendig ist – auf dem Hintergrund des fehlenden Urvertrauens. Trotzdem ist sicher, daß nur im Kontext eines tiefen Vertrauens alle

Stacheln verbrennen können, denn bleibt nur ein einziger übrig, werden alle anderen unvermeidlich wieder aktiviert. Der alte Teufelskreis von Abwehr, Aggression, Verletzung und Rückzug entsteht zwangsläufig. Dies erinnert auch an den vollkommenen Verzicht auf das Suchtmittel bei Süchtigen. Ein Glas, eine Pille, ein Schuß Heroin reichen, um weitere Exzesse auszulösen.

Tatsächlich ist es häufig so, daß selbstschädigende Verhaltensweisen nur durch vollkommenen Verzicht darauf bearbeitet werden können. Menschen, die zum Beispiel darunter leiden, daß sie sich häufig oder oft selbst abwerten («Wieder habe ich es nicht geschafft», «Ich bin ein Versager» und so weiter), sollten sich überlegen, wie es möglich ist, vollkommen auf Selbst*abwertung* zu verzichten. Selbstkritik und Selbstabwertung sind «verschiedene Schuhe».

Bis ein vollkommener Verzicht auf Aggression möglich wird, ist in der Realität immer ein weiter Weg zurückzulegen. An einem Beispiel soll verdeutlicht werden, wie extrem Aggressionen mitunter werden können und wie schwierig es ist, aus dem Teufelskreis der Gewalt auszusteigen:

Herr K. war in einer süddeutschen Stadt als erster Sohn mit zwei älteren Schwestern aufgewachsen. Die Mutter war mit seiner Erziehung von Anfang an überfordert. Die Familie lebte in ständiger Angst vor dem alkoholkranken Vater. Dieser war fast immer betrunken und mißhandelte insbesondere die Mutter, aber auch wahllos seine Schwestern und ihn. Geld war ständig knapp, da der Vater das wenige, was er verdiente, vertrank. Die Mutter ernährte die Familie mit dem geringen Lohn als Arbeiterin. Da sich niemand so recht um die Kinder kümmerte, waren die schulischen Leistungen von Herrn K. schlecht, und er schaffte die Regelschule nicht. Häufig schwänzte er die Schule, und sehr früh war er mit Jugendbanden unterwegs. Als er älter wurde, mißhandelte sein Vater ihn immer öfter. Es nahte der Zeitpunkt, an dem sich Herr K. gegen den Vater zur Wehr setzte, und jetzt war er es, der den Vater, wenn er betrunken nach Hause kam, verprügelte.

Herr K. fühlte sich endlich erwachsen, stark und nicht mehr in ständiger Angst vor den Mißhandlungen des Vaters. Den Groll und auch die Wut, die all die Jahre in ihm aufgestaut worden waren, konnte er so scheinbar abbauen. Dabei bemerkte er nicht, daß seine Wut wie ein Faß ohne Boden war. Immer wieder mußte er seine Aggressionen zur Entladung bringen. Dazu suchte er neue Gelegenheiten, die er in der Hooliganszene fand. Fußballstadien besuchte er in erster Linie, um sich anschließend mit anderen Jugendlichen schlagen zu können. Es kam zu vielfacher Körperverletzung, wobei Herr K. durch besondere Brutalität auffiel. Mehrfach wurde er zum Angeklagten in Gerichtsprozessen. Zunächst wurden die Strafen zur Bewährung ausgesetzt, später, als es immer wieder zu zum Teil schweren Körperverletzungen kam, wurde er inhaftiert. Zuvor hatte er exzessiven Alkohol- und Heroinmißbrauch betrieben. Im Gefängnis, in dem er einsaß, konsumierte er in immer größeren Mengen Heroin und wurde so rasch drogenabhängig. (Es ist durchaus ein Irrtum zu glauben, daß im Strafvollzug alles den Normen und Gesetzen entsprechend zugeht. Im Gefängnis sind gegen Geld oder andere Tauschmittel zum Beispiel Alkohol und sämtliche Drogen erhältlich.) Er kam immer häufiger ins Gefängnis, und die Zeiten, die er in Freiheit verbrachte, wurden immer kürzer. Mit dreißig Jahren hatte er fast die Hälfte seines Lebens in Haft verbracht.

Im Gefängnis baute er seine Karriere als Gewalttäter weiter aus. Seine Rücksichtslosigkeit und Brutalität verschafften ihm Respekt bei den Mitgefangenen. Schnell lernte er, sich den Regeln im Gefängnis anzupassen. Er schloß sich einer Gruppe von Gefangenen an, die Mitgefangene und Teile des Gefängnispersonals besonders durch Erpressung, Morddrohungen und Körperverletzungen beherrschten. Er wurde als derjenige gebraucht, der die Aufträge und Urteile des «Herrschers» ausführte, also als Schläger. Mit dieser «Arbeit» verdiente er sich in erster Linie den Stoff, den er zur Befriedigung seiner Sucht benötigte. Die miese Qualität des Stoffs, der mit allen möglichen

*Mitteln wie Strychnin, Gips und Backpulver gestreckt war,
führte zu einem zunehmenden Verfall seines Körpers. Es ging
ihm immer schlechter, und der Zeitpunkt, an dem er seine «Arbeit» nicht mehr machen konnte, rückte immer näher. Er wußte
genau, daß er in diesem Falle für den Herrscher des Knasts unbrauchbar wurde und mit dem Schlimmsten zu rechnen hatte.
Erstmalig wandte er sich an die Sozialbetreuung des Strafvollzugs. Er wollte eine Therapie machen, auch um sich vor der
Sicherheitsverwahrung zu schützen, die ihm nach einem noch
ausstehenden Verfahren drohte.*

*Herr K. kam mit vielen Ängsten in die Therapie, die er jedoch
mit betont selbstsicherem und arrogantem Verhalten überspielte. Er war mißtrauisch und litt unter starken Stimmungsschwankungen. Einige Mitpatienten fühlten sich von der unterschwelligen Aggression bedroht. Positiv war, daß es ihm gelang,
sein Leben offen zu beschreiben und deutlich zu machen, daß er
an einer Lösung seiner Probleme interessiert war. – In der therapeutischen Gemeinschaft führt körperliche Gewalt zur sofortigen Beendigung der Therapie. Damit sind alle Mitglieder relativ
geschützt vor Übergriffen. Für Herrn K. war dieser Verzicht
schwierig; denn zu selbstverständlich gehörten Aggression und
Gewalt zu seinem Leben. So war es zunächst fast unabwendbar,
daß er immer, wenn er in Konflikt mit seinen Mitpatienten geriet, mit Gewalt drohte. Er war es gewohnt, daß er mittels Aggression alles durchsetzen konnte. Da die Gemeinschaft sich seinen Wünschen und übertriebenen Forderungen nicht beugen
wollte, reagierte er mit extremen Wut- und Haßgefühlen. Immer
wieder wollte er die Behandlung abbrechen. Nur die Tatsache,
daß ein Therapieabbruch massive Nachteile mit sich gebracht
hätte, hielt ihn in der Anfangszeit davon ab, dies zu tun. Er lernte
in der Behandlung nach und nach insbesondere, mit Trauer und
Ohnmacht umzugehen. Er lernte, über seine Schwierigkeiten zu
sprechen und andere Wege zur Problemlösung zu finden als Gewalt. Von großer Bedeutung war, daß er immer besser verstand,
wohin ihn Aggression und Gewalt getrieben hatten. Es wurde*

ihm klar, daß er nicht nur durch Drogen und Alkohol rückfällig
werden konnte, sondern auch durch Gewalt.

Der Igelpelz steht im weiteren Sinne für alles Negative, an das
sich Hans mein Igel bisher geklammert hat. Das Negative, also
alles, was zerstörerisch, selbstzerstörerisch ist, unangemessen,
wild, anarchistisch und bösartig, hat für manche Hans-mein-
Igel-Menschen eine magische Anziehungskraft. Bei einigen kann
man zu Recht sagen, daß sie süchtig nach Destruktivem sind. In
der Nähe des Abgrunds fühlen sie sich wohler und – in nur
scheinbar absurder Weise – sicherer als in stabilen Verhältnissen. Die Sicherheit wird nämlich darin gesucht, daß Schlimmeres
nicht mehr passieren kann – wenn alles zerstört ist, muß die
Angst, alles zu verlieren (insbesondere Beziehungen), aufhören.

Den Igelpelz loslassen bedeutet, sich vom Destruktiven zu verabschieden und zu lernen, Selbstverantwortung zu übernehmen.
Dies ist mit großer Angst verbunden. Das Chaos, welches Hans-
mein-Igel-Menschen immer wieder veranstalten, soll sie davor
schützen, selbständig und autonom werden zu müssen.

Mit der Entscheidung, den Igelpelz abzulegen, ist eine grund-
sätzliche Entscheidung gefallen. Bis dahin hat Hans mein Igel immer andere in eine bestimmte Rolle hineingezwungen, indem er
sie in abhängige, symbiotische Beziehungen hineinmanövrierte.
Sie sollten die Verantwortung für ihn übernehmen. Er weigerte
sich, selbständig und autonom zu werden. Für das, was er in seiner frühen Kindheit vermissen mußte, sollten andere büßen.
Daraus war ein System entstanden, in dem es keine Zufriedenheit geben konnte.

Mit Hilfe eines solchen Systems suchen Menschen wie Hans
mein Igel sich vor Leid und Angst zu schützen. Da ihnen bestimmte Reifeschritte fehlen, suchen sie den direkten Weg, ihre
Bedürfnisse zu befriedigen. Sie versuchen zum Beispiel, andere
für ihre Zwecke zu mißbrauchen, nehmen Suchtmittel, lügen
oder stehlen, versuchen, über selbstzerstörerisches Verhalten andere dazu zu bringen, für sie Verantwortung zu übernehmen,

machen anderen schlechte Gefühle... Man kann sagen, daß sie eine eigentliche «Trickkiste» besitzen, mit deren Hilfe sie bisher überlebten; gleichzeitig geraten sie jedoch immer tiefer ins Elend. Ihr Leid ist sinnlos, da es ihnen nicht weitergeholfen, vielmehr sie immer tiefer in Verzweiflung gebracht hat. Die Igelhaut ablegen steht für die Entscheidung, auf die alte «Trickkiste» zu verzichten. – Dies ist viel einfacher gesagt als getan!

Das Wagnis, die Verantwortung für das eigene Leben zu übernehmen, ist für Hans mein Igel nur möglich, wenn er bereit ist, sich der Realität zu stellen, sich mit ihr konfrontieren zu lassen. Dies ist mit großen Ängsten verbunden, die er auf sich nehmen muß. Nur so kann er lernen, daß die innere, destruktive Fantasie nicht mit der äußeren Realität übereinstimmt. Es ist einfacher, sich in die bekannten destruktiven Fantasien zurückzuziehen, denn sie bieten vertraute Scheinsicherheit. Hans mein Igel muß sich entscheiden, nicht mehr länger das Drama zu leben, sondern sich auf den Weg zu sich selbst, zur Individuation zu machen. Natürlich hat er die Freiheit, den einen oder den anderen Weg zu wählen.

Die Heilung

Hans mein Igel hat seine eigentliche Gestalt gefunden. Aber der Transformationsprozeß ist noch nicht abgeschlossen, er ist schwarz, wie verbrannt. Wieder müssen wir uns fragen, wofür die schwarze Farbe steht, was sie ausdrücken will. – In unserem Kulturkreis steht die Farbe Schwarz traditionell für Trauer! Hans mein Igel findet offensichtlich in dem Augenblick Zugang zu seiner Trauer, als er bereit ist, sich von der Igelhaut zu trennen. Trauer ist das Gefühl, welches Menschen wie Hans mein Igel bis dahin die größte Schwierigkeit bereitet hat. Ihr Leben ist von Anfang an unsäglich traurig, und so ist es kein Wunder, daß es gerade die Trauer ist, mit der sie nicht in Berührung kommen wollen. Sie ist zu groß und zu schmerzhaft, als daß sie allein damit zurechtkommen können. Überspitzt kann man sagen, daß ihr ganzes Verhalten bisher darauf abzielte, Trauer nicht spüren zu wollen. Ihre Aggressionen können als Schmerzabwehr verstanden werden, so auch die Betäubungsversuche mit verschiedenen Suchtmitteln.

Hatte ein Mensch wie Hans mein Igel je eine Chance? Beim Betrachten seines Werdegangs muß man sagen: «Nein! – Niemals!» – Er mußte so werden, wie er geworden ist. Jeder Mensch mußte so werden, wie er geworden ist, auch das ist eine Einsicht, die sich aus dem Märchen ableiten läßt. Die Voraussetzungen, die ein Mensch mit auf die Welt bringt, und auch die frühkindliche Umgebung sind bekanntlich sehr unterschiedlich. Immer wieder muß man sich vor Augen führen, daß der Igelpelz symbolisch gemeint ist und daher das äußere Erscheinungsbild eines Menschen mit einem Hans-mein-Igel-Problem völlig unauffällig sein kann. Daher fällt es leicht zu fordern, daß sie sich einfach «normal» verhalten sollen. «Warum kannst du nicht einfach so sein wie andere Menschen auch?» So die Forderung von Partnern, Angehörigen, Freunden! Hier wird übersehen, daß die Fähigkeit, sich angemessen im Leben zurechtzufinden, nicht vorhanden ist. Auch wenn sie das wollen – und sie wollen es in der Regel immer wieder –, muß man sich darüber klar sein, daß ihnen diese Fähigkeit fehlt. Zum Genesungsprozeß gehört, daß Hans mein Igel versteht, daß er bisher keine Chance hatte, daß alle seine Versuche, sich selbst zu helfen, zum Scheitern verurteilt waren. Immer wieder hatte er sich eingebildet, daß bei der nächsten Anstrengung, bei der nächsten Beziehung seine Lage entscheidend besser würde. Alles umsonst! Nichts hat wirklich helfen können, außer daß eine oberflächliche Betäubung das Elend in den Hintergrund drängte, das dann mit verstärkter Energie wieder ausbrechen mußte. Alle falschen Wege haben das Leid vergrößert. Dies entspricht einer inneren Logik; denn wie sollte ein Mensch anders feststellen, daß er sich auf einem falschen Weg befindet, wenn nicht, indem er in Form von Schmerz und Leid darauf aufmerksam gemacht würde? Hätte er mit seinem Verhalten Erfolg, bestünde kein Anlaß, sich zu verändern, sein Verhalten in Frage zu stellen.

Es ist wichtig, sich an dieser Stelle Zeit zu nehmen, um die Zumutung nachzuvollziehen, die darin besteht *zu akzeptieren, daß wirklich alle Anstrengung umsonst war und trotzdem alle Fehler gemacht werden mußten.* Wenn der *Kopf* diese Einsicht erarbeiten konnte, ist noch lange nicht gesagt, daß der *Bauch,* also das Gefühl, dies akzeptieren kann.

Die Kapitulation

Der westlich sozialisierte Mensch ist zutiefst davon überzeugt, daß eigentlich alles machbar sei. Wenn etwas noch nicht erfunden ist, dann ist es nur eine Frage der Zeit, bis es geschieht. «Jeder ist seines Glückes Schmied», so sagt man und meint, daß man nur «wollen» müsse. Die Aufmerksamkeit ruht somit auf der Seite des Machbaren, Erreichbaren und Leistbaren. Das Leben ist ein Kampf, ein Überlebenskampf (nach dieser Meinung!). Die andere Seite findet kaum Beachtung. Es hat schon einen Beigeschmack von Schwäche, wenn jemand sagt: «Daran kann ich nichts ändern!» oder «Das kann ich nicht!» – selbst wenn dies objektiv den Tatsachen entspricht. Es fällt dem westlichen Menschen schwer, mit Schwächen zu leben. Dabei ist er objektiv dem Leben in dramatischer Weise ausgeliefert. Vieles ist nicht machbar, er kann sich nicht vor Katastrophen, Krankheiten, vor Verlust von nahen Angehörigen und schließlich auch nicht vor seinem eigenen Tod schützen.

Das Erleiden von Krankheiten ist immer eine Möglichkeit, mit der eigenen Ohnmacht in direkten Kontakt zu kommen. Für viele Suchtkranke ist das Wort *Kapitulation* zu einem Wort mit tiefer Bedeutung geworden. Am Beispiel der Suchtkrankheit läßt sich aufzeigen, welche Bedeutung Kapitulation für Hans mein Igel, aber auch für jeden Menschen hat.

Suchtkranke haben nur die Möglichkeit, ihre Krankheit zum Stillstand zu bringen, nicht aber, sie zu heilen (daher nennen sie sich beispielsweise auch «trockene Alkoholiker»). Nur totale Abstinenz kann das süchtige Trinkenmüssen unterbrechen. Abstinent werden kann der Süchtige aber meist nicht ohne Unterstützung, er benötigt hierzu häufig medizinische Hilfe in Form einer *Entgiftung*. Erst danach sind ihm realistisches Denken und das Wahrnehmen seiner Situation möglich. Viele Süchtige müssen mehrfach diesen Prozeß des Abstinent- und wieder Rückfälligwerdens erleben, um schließlich zu kapitulieren – davor zu kapitulieren, daß sie suchtmittelabhängig sind. Kapitulieren heißt, den Kampf einstellen, ihn aufgeben und akzeptieren, daß es so wie bisher nicht weitergehen kann. Der Gegner ist zu stark, er kann nicht besiegt werden, es bleibt nur die Unterwerfung. Dagegen wehrt sich jedoch das Ich eines Menschen. Es paßt nicht zu ihm, daß er süchtig ist. Sein falscher Stolz erlaubt es ihm nicht zu sagen: «Ich bin süchtig! – und das ohne Möglichkeit der Heilung, dieser ‹Makel› wird mich nun für den Rest meines Lebens begleiten.» Nicht selten muß der Süchtige erst Angst um seine Existenz durchleben, um kapitulieren zu können.

In der Sprache des Märchens begegnen wir hier wieder dem Hahn, dem Stolz! Hans mein Igel hat nicht nur den Igelpelz abgelegt, auch der Hahn, der fest mit ihm verbunden war, spielt keine Rolle mehr. Er hat den falschen Stolz abgelegt und sieht nun die Realität so, wie sie ist. Dies gehört zur Kapitulation: den Mut zu haben, die Augen dafür zu öffnen, was in der Vergangenheit geschehen ist, ohne zu beschönigen, zu verniedlichen und zu bagatellisieren; die Dinge zu sehen, so wie sie sind. Das erscheint dem Süchtigen hart, denn nur zu oft hat er sich in sein «Erklärsystem» zurückgezogen und die Realität verzerrt. Immer waren die anderen schuld an seinem Elend. Gott und die Welt mußten für seine Entschuldigungen herhalten, nichts war davor sicher. Natürlich eigneten sich die Menschen, die ihm am nächsten standen, wie Ehepartner, Kinder, Vorgesetzte, Kollegen, am besten. Sie alle waren nicht o.k., und diese Sicht ermöglichte seine Selbstgerechtigkeit. Weil alle so ungerecht, falsch, feindlich und mißgünstig waren, durfte, mußte und konnte der Süchtige Suchtmittel nehmen.

Dieses verzerrte Bild der Realität gehört zur Krankheit, ist Bestandteil der Sucht. Das läßt sich daran erkennen, daß es fast ausnahmslos bei allen Suchtkranken zu beobachten ist. In der Therapie muß sich der Suchtkranke zunächst durch sein Lügengebäude hindurcharbeiten, indem er sich seiner Scham stellt und Schritt für Schritt sehen, akzeptieren und verstehen lernt, warum alles so kommen *mußte*. Dabei wird er mit vielen Ereignissen konfrontiert, die er lieber nicht erinnern will: die zahllosen Kränkungen der Partner und Menschen, die es gut mit ihm meinten, die peinlichen Auftritte, die Trinkexzesse, Stürze, Krankenhausaufenthalte, aggressiven Ausbrüche... Alles will als Bestandteil der Krankheit verarbeitet werden. Wenn ein Suchtkranker sich entschieden hat, die Verantwortung für seine Krankheit zu übernehmen, so bedeutet dies, daß er bereit ist, soweit es in seiner Macht steht, den Schaden wiedergutzumachen. Er ist nicht in dem Sinne schuldig, daß er die Krankheit bewußt herbeigeführt hätte, aber er hat Schaden angerichtet und muß daher für die Folgen aufkommen; er ist dafür *verantwortlich*. Sich vor der Verantwortung drücken bedeutet, sich weiter zu verstecken, den aufrechten Gang, den jeder Süchtige erlernen muß, nicht zu praktizieren. Minderwertigkeitsgefühle, Schuldgefühle, Groll auf sich selbst und auf andere bleiben in diesem Fall dauerhaft erhalten. Rückfälligkeit ist so vorgezeichnet und ist dann wieder – sinnvollerweise – ein Hinweis darauf, daß ein falscher Weg eingeschlagen wurde.

Zur Kapitulation gehört demnach die *Verantwortungsübernahme*. Die Verantwortung zu übernehmen für die Tatsache, daß er suchtkrank ist, bedeutet auch, daß der Suchtkranke alles ihm Mögliche dafür tut, daß die Abstinenz erhalten bleibt, und weiterhin, daß er sich um eine Wiedergutmachung bemüht; zum Beispiel Menschen, die er während seiner Krankheit verletzt hat, um Verzeihung bittet. Ein schwieriger Weg, den, so muß festgestellt werden, der Süchtige nicht alleine schafft. Er benötigt Hilfe, Hilfe aus der Gemeinschaft der Mitbetroffenen, die den Weg mit ihm gemeinsam gehen können. Als Mitbetroffene kennen sie die Krankheit, und wenigstens einige sind weiter in dem Prozeß der Genesung. «Er darf sich helfen lassen» ist die richtige Formulierung, nicht «Er muß sich helfen lassen». Zur Kapitulation gehört also auch das *Ich-darf-mir-helfen-Lassen*. Solange der Suchtkranke schreit: «Ich muß es alleine schaffen», hat er noch nicht kapituliert. Natürlich finden wir die Bestätigung für diese Behauptung im Märchen: In der Phase, in der der Arzt mit seinen Salben dafür sorgt, daß Hans mein Igel wieder weiß wird, ist nur der Arzt aktiv. Hans mein Igel läßt die Prozedur passiv an sich geschehen – er läßt die Hilfe zu! Weiter unten werden wir ausführlicher auf diese Szene eingehen.

So wie der Suchtkranke hat auch Hans mein Igel die Verantwortung für seine Schwierigkeiten immer bei anderen gesucht. Zunächst wird er seinem Vater die «Schuld» an seinem Elend gegeben haben, und dem Eindruck folgend, den der Vater machte, ist diese Sicht verständlich. Er wird den Vater innerlich hassen und alle Menschen, die an ihn erinnern. Auch das Weltbild von Hans mein Igel ist verzerrt und bedarf einer Korrektur, die sich in der Realität nur sehr langsam vollzieht. Erst allmählich kann er lernen, daß Menschen nicht in Schwarz und Weiß einzuteilen sind. Zwar wird er immer wieder mit anderen Menschen verschmelzen, jedoch kann er sich dieser Vorgänge in der therapeutischen Gemeinschaft bewußt werden und sie durcharbeiten.

Letztlich geht es auch bei Hans mein Igel um Kapitulation: Kapitulation vor sich selbst, davor, daß die Dinge so sind, wie sie sind, daß seine Eltern ihn nicht annehmen und nicht lieben konnten, daß er diesen, seinen eigenen Weg mit all dem ihm zugefügten Leid gehen, daß er viele Menschen verletzen mußte – um nur die wesentlichen Bereiche zu erwähnen. Bisher hat er zu sich selbst, zu anderen radikal *nein* gesagt. Er konnte nicht anders als das übernehmen, was seine Eltern ihm mit auf den Weg gegeben hatten. Jetzt geht es darum, *ja* zu sagen. Viele Menschen sind *Nein*sager! Sie machen sich das Leben damit schwer, daß sie sich mit dem, was sie sind, wie sie sind und was sie haben, nicht abfinden wollen. So trifft das, was auf Menschen wie Hans mein Igel besonders zutrifft, in weniger extremer Form auf viele zu. Wir alle müssen lernen, *ja* zu sagen zu Dingen, die wir nicht ändern können.

Millionen Suchtkranken ist das Gebet von Christof Friedrich Öttinger (1702 bis 1782) zu einer Lebenshilfe geworden:

Gott gebe mir die Gelassenheit, die Dinge hinzunehmen, die ich nicht ändern kann,
den Mut, die Dinge zu ändern, die ich ändern kann,
und die Weisheit, das eine vom anderen zu unterscheiden.

Auch Menschen mit einem Hans-mein-Igel-Syndrom werden sich an diesem Gebet orientieren können, da es bei ihnen ganz besonders darum geht, daß sie ihrem Leben Struktur und Ordnung geben.

Was stattfinden muß, ist heilsame *Trauerarbeit.* Wir erinnern uns wieder an die schwarze Farbe und daran, daß der König zu seinem Arzt schickt, der Hans mein Igel mit seinen Salben weiß werden läßt, so daß er aussieht wie ein schöner, junger Herr. Das heißt, all die angedeuteten und beschriebenen Konflikte wollen verstanden und bearbeitet werden. Folgen wir dem bildhaften Verlauf, so läßt Hans mein Igel die Heilung an sich geschehen. An dieser Stelle kann er selbst nichts tun als sich heilen lassen. Dies ist einfacher gesagt als getan. Das Märchen macht auf geniale Weise deutlich, wo Aktivität gefordert ist und wo ein einfaches Geschehenlassen den Fortschritt möglich werden läßt. Hans mein Igel muß aktiv werden bei seiner Entscheidung, den Igelpelz loszulassen. Alles andere ist mehr ein *Zulassen*, ein Wirkenlassen der heilenden Salben.

Zulassen:
– daß die Gemeinschaft trägt, ohne Vor- oder Gegenleistung
– daß das Schicksal ihm diese, seine Realität zumutet
– daß Trauerarbeit stattfindet
– daß er sich unschuldig fühlen darf
  ...

Die Trauerarbeit ist von immenser, ich bin sicher, von ausschlaggebender Bedeutung für die Genesung. Am besten läßt sich dies anhand eines Beispiels deutlich machen: Stellen wir uns vor, daß ein uns wichtiger Mensch – ein Freund, der Partner oder ein anderer naher Angehöriger – verstorben ist. Wir erleben dies als schmerzlichen Verlust. Zunächst wollen wir uns mit der Tatsache nicht abfinden, und wir schreien, daß dies nicht sein dürfe. Neben dem Gefühl des Schmerzes wird sich, und dies ist verständlich, ein Gefühl von Zorn und Wut darüber einstellen, verlassen worden zu sein. Menschen in unserer Gesellschaft wollen sich aber vielfach nicht dem Schmerz der Trauer stellen, wie ja allgemein die Tendenz zu beobachten ist, daß sich alles um die Vermeidung von Schmerz dreht. Sie wollen sich vor der notwendigen Trauerarbeit schützen, und am liebsten würden sie die quälenden Tatsachen vergessen. Diese werden daher verdrängt – und werden zu «ewigem Schmerz». Denn immer wieder steigt die unverarbeitete Trauer hoch, sie wirkt weiter und macht krank. Diesen Mechanismus beschreibt Alexander Mitscherlich in seinem Buch *Die Unfähigkeit zu trauern*.

Viele Forscher sind der Meinung, daß unsere Gesellschaft latent depressiv ist. Da sich die Menschen dem Schmerz der Trauer nicht stellen wollen (nicht stellen können, ist wahrscheinlich der bessere Ausdruck, da zu trauern, Schmerz zuzulassen nicht gelernt wurde), können sie auch das Gefühl von Freude nicht so intensiv erleben, denn alle Gefühle verflachen. Die Suche nach künstlichen Erlebnisreizen durch Drogen, Extrembergsteigen, Bunge-jumping usw. wird verstärkt.

Die Unfähigkeit zu trauern finden wir natürlich nicht nur, wenn es darum geht, den Tod eines lieben Menschen zu betrauern. Auch bestimmte Lebenssituationen oder Tatsachen wollen betrauert werden, der Verlust der Jugend beispielsweise beim Älterwerden.

In meiner therapeutischen Arbeit mit Suchtkranken sehe ich eine der wichtigsten Aufgaben darin, dem Süchtigen zu ermöglichen, seine Krankheit anzunehmen. Dies bedeutet Trauerarbeit! Anzuerkennen, daß man nicht mehr so ist wie die anderen, etwas verloren zu haben, was anderen zur Verfügung steht, ist immer schmerzhaft. Verleugnet der Süchtige den Schmerz darüber, daß er nicht mehr so ist wie andere, wird er sich nicht mit der Krankheit aussöhnen können. Sie wird ihm eine ständige Last sein, denn immer wieder wird ihm die Tatsache, daß er nicht «normal» ist, in Form von quälenden, unguten Gefühlen bewußt. Häufig ersetzen Groll- und Ärgergefühle (es hätte mir nicht passieren dürfen!), die der Betroffene gegen sich selbst richtet, den tieferen Schmerz und die Trauer.

Die Krankheit, die chronisch und unheilbar ist, gehört zur Person wie die Farbe seiner Augen. Sie kann zwar durch völlige Abstinenz zum Stillstand gebracht werden, Rückfälligkeit ist jedoch jederzeit möglich, insbesondere, wenn es dem Süchtigen nicht gelingt, die Krankheit in sein Leben zu integrieren. Die Krankheit muß demnach als eine Tatsache, die unabänderlich zur eigenen Existenz gehört, akzeptiert werden. Das Heimtückische der Suchtkrankheit besteht darin, daß der Betroffene, der einige Zeit abstinent lebt, symptomfrei wird und nichts mehr von der Krankheit spürt. Erst wenn er wieder getrunken hat, wird er mit den verheerenden Auswirkungen konfrontiert. Ein Mensch, der durch einen Unfall ein Bein verloren hat, wird diese Tatsache nicht verleugnen können. Er wird mit der Realität ständig konfrontiert. Anders bei der Suchtkrankheit: Die Betroffenen müssen sich immer wieder vor Augen halten, daß sie trotz fehlender Krankheitsanzeichen diese Störung in sich tragen.

So unabänderlich wie die Suchtkrankheit zur Person eines Menschen gehören kann, gehört auch die Störung von Hans mein Igel zu ihm als eine unumstößliche Tatsache. Sie will in ähnlicher Weise akzeptiert und integriert werden, damit ein angemessenes Leben ermöglicht wird. Auch für Hans mein Igel ist es erforderlich, Trauerarbeit zu leisten. Lange leugnete er seine Störung, denn er wollte so sein wie alle anderen Menschen auch.

Zu lernen, *mit* seinen Beeinträchtigungen zu leben, nicht mehr *gegen* sie, ist in der Realität eine schwierige Aufgabe und ständige Herausforderung. Vielfach kommt es zu Verhaltensrückfällen, weil man wieder versucht, genau so zu sein wie alle anderen und sich nicht an den eigenen Möglichkeiten orientiert. Mit Aggressionen (der Igelpelz wird wieder übergezogen) oder Psychospielen soll der gewünschte Platz unter den anderen durchgesetzt werden, die alte Trickkiste wird wieder ausgegraben. Auch das Eingehen einer abhängigen, symbiotischen Beziehung (Rückkehr zum ersten Königshof) kann ein solcher Rückfall sein. Und unvermeidbar wird sich bald das alte Elend wieder einstellen.

Ohne Trauerarbeit ist Genesung nicht zu erreichen. Rückfälligkeit ist aus dieser Sicht in erster Linie als Hinweis zu verstehen, daß nur in unzureichender Weise Trauerarbeit stattgefunden hat. Im Märchen wird dieser wesentliche Schritt, ausgedrückt im Behandeln der schwarzen Farbe, nicht unterschlagen, dagegen wird er in der Realität viel zu häufig übersehen.

Die Farbe Weiß hat im Märchen symbolische Bedeutung. Während die Farbe Schwarz für Trauer und Schuld steht, steht die Farbe Weiß für Reinheit und Unschuld. Das bedeutet, daß Hans mein Igel sich unschuldig fühlen darf. Darin, daß er sich wirklich unschuldig fühlt, liegt das Geheimnis der Heilung. Nur ein Mensch, der gut von sich selbst denken kann, besitzt überhaupt die Fähigkeit, gut zu sein. Um seine Unschuld zurückzugewinnen, ist es erforderlich, daß er mit allen Menschen, die er verletzt hat, die Dinge klärt und wieder in Ordnung bringt. Hat er das getan, so darf er mit Recht von sich behaupten, unschuldig zu sein. «Deine Sünden sind dir vergeben» – so waren die ersten Worte Jesu, wenn sich ihm jemand näherte, um ihn um Heilung von seiner Krankheit zu bitten. Zunächst erscheinen diese Worte ohne besondere Bedeutung im Vergleich zu dem, was anschließend geschieht: die Heilung einer Blindheit, einer Besessenheit, einer Lähmung... Im Neuen Testament wird jedoch deutlich, daß es nicht nur darum gehen kann, ein Symptom zu heilen. Vielmehr geht es darum, aus einer wiedergewonnenen Unschuld heraus das Leben neu zu beginnen.

So ist zu verstehen, daß auch Hans mein Igel unschuldig werden muß. Nun braucht er sich seiner nicht mehr zu schämen –

das Märchen sagt: «Er wurde ein schöner, junger Herr.» Die Erniedrigungen, Kränkungen und Verletzungen der Vergangenheit haben keine Wirkung mehr. Hans mein Igel kann zu sich selbst stehen, zum erstenmal ohne Haß und Selbstablehnung in den Spiegel schauen. Dies ist ein weiter Weg, der sich jedoch lohnt!

Abraham Maslow, einer der Väter der Transpersonalen Psychotherapie, betont vehement die Notwendigkeit der Weiterentwicklung der Persönlichkeit. Er schreibt: «Wenn Sie absichtlich planen, weniger zu sein, als Sie sein könnten, dann sage ich Ihnen warnend, daß Sie für den Rest Ihres Lebens zutiefst unglücklich sein werden.» Dies gilt nach Auffassung von Maslow für alle Menschen, so auch für solche, die, warum auch immer, schweres Leid mit sich und anderen zu tragen haben. Schon das Bemühen, sich in eine positivere Richtung zu verändern, macht Sinn und wirkt befriedigender, wenn sich auch nicht unweigerlich sofort Erleichterung einstellt. Im Gegenteil: Der konstruktive Weg ist zunächst in aller Regel schwerer als die alte, zwar elende, aber doch vertraute Routine und fordert vom Betroffenen, sich auf mehr Härten, konsequentes Verhalten und mehr Angst einzulassen. Auf rasche Erleichterung, sofortige Befriedigung und unrealistische Lösungsversuche gilt es zu verzichten (wie etwa durch den Griff zur Flasche, zur Spritze oder zum Beruhigungsmittel). Denken wir daran, daß es für Hans mein Igel zunächst schwer war, den Igelpelz loszulassen. Aber auch seine Verwandlung in einen schönen jungen Mann ist symbolisch gemeint. Denn es geht nicht darum, in äußerlicher Weise mehr zu sein oder darzustellen. Es geht auch nicht um die Anhäufung irgendwelcher Leistungsnachweise oder Besitztümer, sondern um inneres Wachstum. Dieses wird insbesondere mit Hilfe von Selbsterfahrung, Lernen in Selbsthilfe- und Therapiegruppen oder auch – im weiter fortgeschrittenen Stadium der Genesung – durch Meditation und ähnliche Verfahren erreicht.

Khalil Gibran, der überragende libanesische Dichter, drückt dies im *Propheten* folgendermaßen aus:

Und sehet, ich habe gefunden, was größer ist als Weisheit:
Es ist der Geist einer Flamme in euch, die immer mehr aus sich her-
auswächst.
Derweil ihr – dieser Erfahrung achtlos – das Dahinwelken eurer
Tage bejammert.
Nur ein Leben, das Leben im Leibe sucht, fürchtet das Grab.

Das Skript

Im Märchen geschieht der Heilungs- und Erlösungsprozeß schnell und ohne Zwischenfälle. In der Therapie ist der Weg mit vielen Schwierigkeiten verbunden. Nicht selten brechen Patienten mit dem Hans-mein-Igel-Syndrom die Behandlung vorzeitig ab, oder sie werden rückfällig und benötigen eine erneute stationäre Therapie. Einige Elemente, die sich im Therapieprozeß bewährt haben, wollen wir kurz untersuchen. Dabei ist nach meiner Erfahrung die wirksamste Therapie das Zusammenleben in der therapeutischen Gemeinschaft. Das, was Menschen wie Hans mein Igel benötigen, kann am besten als ein *Nachreifungsprozeß* beschrieben werden, in dem es darum geht, Struktur für die eigene Lebensführung zu gewinnen. Dies läßt sich in einer Gemeinschaft lernen, sofern der Betroffene dies wirklich will. Wie sich zeigen wird, zielen alle Methoden darauf ab, den Igelpelz loszulassen, damit sich der Mensch unschuldig fühlen kann und Zugang zu sich selbst findet – so wie er eigentlich «gemeint ist».

In der Therapie hat sich die sogenannte *Skriptarbeit* bewährt. Diese Methode stammt aus der Transaktionsanalyse von Eric Berne. Der Vorteil dieser Methode ist die leichte Verständlichkeit und daß derjenige, der das System verstanden hat, selbständig damit arbeiten kann.

Was ein Skript ist, möchte ich kurz anhand des Filmskripts beschreiben: Das Skript eines Films ist die Beschreibung der Handlung in Kurzform. Alle wesentlichen Ideen und Gedanken tauchen auf, ohne daß sie ausführlich beschrieben werden. Im Vorspann eines Films wird immer der erwähnt, der das Skript geschrieben hat. Das Drehbuch, welches nachher anhand des Skripts geschrieben wird, ist die ausführliche, akribisch genaue Fassung mit allen Details: Was ein Schauspieler sagt, wie er bekleidet ist, welche Mimik und Gestik er darzustellen hat und so weiter. Der Film bildet Leben ab, ist aber nicht das Leben.

Obwohl sich bei der Geburt eines Kindes niemand hinsetzt und für das Neugeborene ein Skript schreibt, ist immer ein Skript da, welches in der Regel unbewußt ist, das heißt geheim bleibt. Nach diesem Skript gestaltet sein Träger sein Leben, es ist sein Lebensskript! Ohne daß Eltern es merken, formulieren sie das Skript ihres Kindes. Sie formulieren es in erster Linie nicht in Sprache, sondern es spiegelt sich in den Einstellungen, Haltungen und Verhaltensweisen, die sie dem Neugeborenen und dem später größer werdenden Kind gegenüber einnehmen. Eltern haben immer eine Idee, wie ein Kind werden soll, was sie von ihm erwarten, ob sie es so, wie es ist, akzeptieren können oder es nach ihren Wünschen und Erwartungen formen wollen, ob es erwünscht ist oder nicht, ob sie stolz auf das Kind sind oder nicht. Dies und ähnliches fließt in das Skript ein und bildet das Grundgefühl, welches ein Mensch in bezug auf sich selbst hat.

Wenn wir das Skript von Hans mein Igel untersuchen, dann müssen wir uns den Haltungen, Einstellungen und Gedanken zuwenden, die besonders der Vater ihm gegenüber hatte. Es ist natürlich leicht, das entscheidende und tragische Element im Skript von Hans mein Igel zu entdecken. Ziemlich unverblümt drückt der Vater seine Mißachtung aus. Im Märchen wird mehrfach erwähnt, daß er sich den Tod seines Sohnes wünscht. So bekommt Hans mein Igel sehr früh diese Ablehnung zu spüren, und in seinem Skript werden entsprechende Elemente zu finden sein: «Du bist so, wie du bist, nicht erwünscht; existiere nicht; du bist mir eine Last; ich schäme mich, daß du mein Sohn bist; ich will dich nicht...» Mit einem so extrem negativen Skript ausgerüstet muß jeder Mensch scheitern!

Es ist ein mühevoller Weg, ein neues Skript zu erlernen. Am besten gelingt dies, indem man sich markante Skriptsätze erarbeitet. Ein Skriptsatz für Hans mein Igel könnte zum Beispiel lauten: «Ich bin willkommen!» Die Arbeit mit diesem formelhaften Satz scheint leicht zu sein, ist es jedoch in der Realität durchaus nicht. Immer wieder will das alte Skript durchbrechen und sich realisieren. Der Satz «Ich bin willkommen!» muß immer wieder gesagt werden, bis er in Fleisch und Blut übergeht. In der therapeutischen Gemeinschaft werden die Mitglieder über bestimmte Rituale dazu gebracht, ihre Skriptsätze auch laut zum Ausdruck zu bringen. Ein solches Ritual ist die Selbstvorstellung, bevor eine Rückmeldung an ein anderes Mitglied der Gemeinschaft erfolgt. Eine solche Selbstvorstellung kann zum Beispiel sein: «Ich heiße Georg, bin Alkoholiker, und ich bin willkommen...» Danach sagt Georg, was er einem anderen Mitglied der Gemeinschaft mitteilen möchte. Diese auf den ersten Blick merkwürdig anmutende Einleitung ist in Wahrheit äußerst effektiv, besonders wenn der Betroffene ernsthaft eine Verhaltenskorrektur anstrebt. Hintergrund ist, daß den Patienten gesagt wird, daß sie zu ihrem Namen stehen können, daß sie zu ihrer Krankheit (Alkoholismus) stehen können und ein unbedingtes Interesse daran haben müssen, daß sie die Krankheit nicht mehr vergessen. (Vergessen bedeutet Rückfall!) Schließlich dürfen sie sich immer wieder daran erinnern, daß sie sich selbst willkommen heißen. Die *Macht der Rituale,* die meist nicht ernst genommen wird, findet hier Anwendung. Die Mitglieder der Gemeinschaft unterstützen Georgs Bemühen ernsthaft, indem sie ihn immer wieder willkommen heißen. Die ersten Male will der Satz einfach nicht über die Lippen kommen. «Den Satz kann ich nicht sagen, da er nicht stimmt», ist meist die spontane Reaktion. Gerade deshalb ist er so wichtig und *not-wendig* im wahrsten Sinne des Wortes – um die Not zu wenden. Der Satz sollte auch in Gedanken häufig wiederholt werden.

Eine Situation, die sich besonders zur Skriptarbeit eignet, ist die bei der Morgentoilette vor dem Spiegel. Die Anweisung zur «Spiegelübung» lautet: «Schau Dich an, und sage Dir, daß Du willkommen bist auf dieser Welt und daß Du dich magst!» Bei Menschen, die ein extrem negatives Skript haben, werden massive Widerstände auftreten. «Es ist erstaunlich, wie gut das mittlerweile geht», berichtet eine Patientin, die sich trotz anfänglicher Schwierigkeiten auf die einfache Übung einließ.

Der Wesenskern

Das *innere Kind* ist ein Bild für den Wesenskern des Menschen, dafür, wie er eigentlich «gemeint ist». Das innere Kind ist voller Lebensfreude, Kreativität, Energie, Weisheit und Liebe. Alle Menschen sind mehr oder weniger verletzte Kinder. In der Erziehung wurde durch Ignoranz, Vernachlässigung, Ablehnung, Abwertung, Demütigung, sexuellen Mißbrauch, Mißhandlung und andere Verletzungen das innere Kind an der Entwicklung gehindert. So werden Spontaneität, Kreativität, natürliche Freude und Weisheit unterdrückt.

Die natürliche Reaktion auf eine Verletzung des inneren Kindes ist, daß wir sie nicht spüren wollen. Findet ein Mensch keine Hilfe für seine Verletzung, zum Beispiel in Form von Trost und Verständnis für seine Kränkung, dann wird er sich zurückziehen, er wird sich wahrscheinlich «einigeln». Er ist verletzt, hat aber nicht die Möglichkeit, sich angemessen mit seinem Schmerz auseinanderzusetzen. Besonders Kinder sind von ihren eingeschränkten Möglichkeiten her häufig nicht in der Lage, richtig mit Schmerz umzugehen. Sie bleiben allein damit und suchen verzweifelt nach einem Ausweg. Dieser besteht meist darin, daß sie versuchen, den Schmerz zu vergessen. In der Fachsprache heißt dieser Vorgang *Verdrängen*. Da bestimmte Gefühle nicht mehr gefühlt werden dürfen, geht auch ein Teil der Spontaneität, die ursprünglich vorhanden war, verloren. Der Mensch baut um sich herum eine Mauer, die ihn vor weiteren Verletzungen schützen soll. Dieser Mechanismus hat Nachteile, insofern das innere Kind an seiner freien Entfaltung gehindert wird.

Der Vorgang der Verdrängung ermöglicht dem Menschen aber auch eine Anpassung an seine Umwelt, was ihm das Leben auch erleichtert. Geschieht diese Anpassung aber zu stark, überwiegen unweigerlich die Nachteile: Das Kind – und damit der spätere Erwachsene – wird zwanghaft, ängstlich und unfrei.

Um es noch einmal anders zu sagen: Verdrängen (vergessen, weil es so weh tut oder weil es so bedrohlich ist) heißt sich nicht mehr daran erinnern. Das Kind will den Schmerz der Verletzung nicht mehr spüren, verdrängt diese aber auch, um zu überleben, um in Kontakt mit demjenigen bleiben zu können, der ihm den Schmerz zugefügt hat, zum Beispiel mit der Mutter. Sie ist für das Kind lebenswichtig; den Kontakt zu ihr zu verlieren würde eine tiefe Bedrohung bedeuten. Das Kind kann sich nicht erlauben, seine Wut offen zu zeigen, da es damit die Beziehung zur Mutter gefährden würde, es muß also die Wut auf die Mutter leugnen, verdrängen. Dadurch paßt es sich an seine Umgebung an oder wird angepaßt, damit geht aber, wie schon erwähnt, auch einher, daß es in seiner Spontaneität und Kreativität eingeschränkt wird.

Menschen wie Hans mein Igel können nichts vergessen, sie können Verletzungen nicht verdrängen – das ist ein Teil ihres Dramas. Sie können nicht vergessen, was ihnen angetan wurde. Das heißt, daß diese Wunden für sie immer spürbar bleiben. So ist zum Beispiel der Gedanke an einen verletzenden Vater immer haßerfüllt und unversöhnlich. Auch andere Kränkungen werden nicht vergessen. Sie sind immer präsent und verursachen schwere Verstimmungen. Da solche Menschen nicht verdrängen, nichts vergessen können, bleiben sie in Kontakt mit riesigen Energien im Unbewußten, die durch die Verdrängungsarbeit bei anderen Menschen eingedämmt werden. Erinnern wir uns an den Dudelsack und an die Kreativität, die Hans mein Igel aus sich selbst heraus entwickelte!

Menschen wie Hans mein Igel sind von ihrer Entwicklung her auf eine kindliche Stufe fixiert: Beziehungen haben diesen engen, symbiotischen Charakter, der in der frühen Phase zwischen Mutter und Kind erforderlich war, als das Kind sich in völliger Übereinstimmung mit seiner Mutter befand. Das Ich eines Menschen kann sich erst entwickeln, wenn es gelernt hat, sich in genügender Weise von der Mutter abzugrenzen. Dafür ist es aber erforderlich, daß es zuvor die Möglichkeit bekam, mit der Mutter eine Symbiose zu bilden. Denn so wie ein Säugling, der sich an der Mutterbrust sattgetrunken hat, sich davon löst, vermag sich auch ein Kind, das eine «sättigende» Symbiose erleben konnte, aus der symbiotischen Beziehung zu lösen.

Menschen wie Hans mein Igel benutzen einen anderen Abwehrmechanismus, den der *Spaltung*. Die Welt wird in zwei Lager gespalten: in Schwarz und Weiß, Gut und Böse. Auch Menschen werden in diese Alles-oder-nichts-Kategorien eingeteilt. Entweder sind sie für Hans mein Igel gut, oder sie sind schlecht. Er idealisiert sein Gegenüber, oder er verteufelt es. Idealisierung bedeutet, daß er sich völlig mit ihm identifizieren kann; die negativen Seiten, die zu jedem Menschen auch gehören, werden ausgeblendet. Hans mein Igel stellt im Prinzip die Beziehung wieder her, die er vor langer Zeit nur in unzureichender Weise erleben durfte – die Symbiose. Während dieser frühen Entwicklungsphase konnte die Mutter ihm kein ausreichend stabiler Halt sein. So konnte er auch nicht wirklich unabhängig werden und ist gezwungen, das, was er früher vermißte, heute noch anderswo zu suchen: in immer neuen Abhängigkeiten.

Das Erbe

Am nächsten Morgen wird die Hochzeit erst recht gefeiert. Das Grauen ist überwunden, alles löst sich in einem rauschenden Fest. «Ende gut, alles gut – wie im Märchen», möchte man an dieser Stelle sagen. Wer Menschen wie Hans mein Igel kennt, weiß um die großen Schwierigkeiten, die sie mit sich selbst und anderen haben. Ein Happy-End erscheint daher in der Realität eher fraglich. Märchen halten an ihrem unverbesserlichen Optimismus fest und sind die einzige Literatur, die immer ein glückliches Ende findet. Sicherlich ist es diesem Umstand mit zu verdanken, daß Märchen bei vielen Menschen in Verruf gerieten, einfach weil das Leben eine andere Sprache spricht. Übersehen wird dabei, daß die Beschreibung eines positiven Auswegs durchaus Beachtung verdient. Wie, meint das Märchen, kann Erlösung stattfinden?

Das Königreich, welches Hans mein Igel erbt, ist in der Bildersprache des Märchens ein Ort der Liebe, und auch das Hochzeitsmahl ist symbolisch gemeint. Die Vereinigung von Mann und Frau ist Hinweis darauf, daß es einem Menschen gelungen ist, zu seiner eigenen Identität zu finden. Das männliche und das weibliche Prinzip, Yin und Yang, sind in einen harmonischen Ausgleich gebracht worden. In der Psychotherapie ist dies die Situation, in der ein Mensch verstehen gelernt hat, daß er so, wie er ist, mit all seinen Schwächen und Stärken willkommen ist. Hierbei hat ihm die therapeutische Gemeinschaft entscheidend geholfen. Er fühlt sich wertvoll, und er weiß, daß er selbst für sein Leben verantwortlich ist. Die Schatten der Vergangenheit sind abgestreift, das heißt, er macht seine Vergangenheit, seine Erziehung, seine Eltern oder sonst etwas außerhalb seiner selbst nicht mehr für seine Schwierigkeiten verantwortlich. Er ist erwachsen geworden und übernimmt Verantwortung für sein Handeln. Jetzt kann er auch alleine sein – er ist unabhängig geworden. Dies alles setzt voraus, daß er um seine persönlichen Defizite weiß.

Was «das Reich erben» bedeuten kann, hat Virginia Satir in ihrem «Bekenntnis zur Selbstachtung» eindrucksvoll beschrieben:

«Ich bin ich selbst.

Es gibt auf der ganzen Welt keinen, der mir vollkommen gleich ist. Es gibt Menschen, die in manchem sind wie ich, aber niemand ist in allem wie ich. Deshalb ist alles, was von mir kommt, original mein; *ich* habe es gewählt. Alles, was Teil meines Selbst ist, gehört mir – mein Körper und alles, was er tut, mein Geist und meine Seele mit allen dazugehörigen Gedanken und Ideen, meine Augen und alle Bilder, die sie aufnehmen, meine Gefühle, gleich welcher Art: Ärger, Freude, Frustration, Liebe, Enttäuschung, Erregung; mein Mund und alle Worte, die aus ihm kommen, höflich, liebevoll oder barsch, richtig oder falsch, meine Stimme, laut oder sanft, und alles, was ich tue in Beziehung zu anderen und zu mir selbst.

Mir gehören meine Fantasien, meine Träume, meine Hoffnungen und meine Ängste. Mir gehören alle meine Siege und Erfolge, all mein Versagen und meine Fehler.

Weil alles, was zu mir gehört, mein Besitz ist, kann ich mit ihm zutiefst vertraut werden. Wenn ich das werde, kann ich mich liebhaben und kann mit allem, was zu mir gehört, freundlich umgehen. Und dann kann ich möglich machen, daß alle Teile meiner selbst zu meinem Besten zusammenarbeiten.

Ich weiß, daß es manches an mir gibt, was mich verwirrt, und manches, was mir gar nicht bewußt ist. Aber solange ich liebevoll und freundlich mit mir selbst umgehe, kann ich mutig und voll Hoffnung darangehen, Wege durch die Wirrnis zu finden und Neues an mir selbst zu entdekken...

Wie immer ich in einem Augenblick aussehe und mich anhöre, was ich sage und tue, das bin *ich*. Es ist original (authentisch) und zeigt, wo ich in diesem einen Augenblick stehe.

Wenn ich später überdenke, wie ich aussah und mich anhörte, was ich sagte und tat, und wie ich gedacht und gefühlt habe, werde ich vielleicht bei manchem feststellen, daß es nicht ganz paßte. Ich kann dann das aufgeben, was nicht passend ist, und behalten, was sich als passend erwies, und ich erfinde etwas Neues für das, was ich aufgegeben habe.

Ich kann sehen, hören, fühlen, denken, reden und handeln. Ich habe damit das Werkzeug, das mir hilft zu überlegen, anderen Menschen nahe zu sein, produktiv zu sein und die Welt mit ihren Menschen und Dingen um mich herum zu begreifen und zu ordnen.

Ich gehöre mir, und deshalb kann ich mich lenken und bestimmen.

Ich bin Ich, und ich bin o. k.»

Ein entscheidendes Defizit wird dem Menschen, der so ist wie Hans mein Igel, gegen Ende der Therapie noch einmal besonders deutlich werden, und es wird sich zeigen, ob er etwas von dem «Reich» erben konnte. Menschen mit dem Hans-mein-Igel-Syndrom können nicht Abschied nehmen. Wenn es darum geht, die therapeutische Gemeinschaft zu verlassen, dann geraten diese Patienten in eine tiefe Krise, denn Abschied bedeutet, Schmerz zu ertragen. Es entstehen Wutgefühle darüber, daß alles zu Ende sein soll (warum habe ich mich bloß auf die Gemeinschaft und besonders auf einige Mitglieder eingelassen, ich hätte es lieber nicht tun sollen, dann wäre mir der Abschied nicht so unerträglich).

Abschied setzt auch Angst- und Panikgefühle frei. Wenn wir uns darauf besinnen, daß Hans mein Igel die Symbiose mit der Mutter, die ihm den inneren Halt vermitteln sollte, nicht genügend erleben durfte, dann haben wir daraus abgeleitet, daß er diese existentielle Sicherheit in anderen Beziehungen, die sich ihm sonst im Leben zur Verfügung stellen, suchen muß. Natürlich bieten sich in der therapeutischen Gemeinschaft viele Beziehungen an, in denen er versucht, Mutter oder Vater, also Halt zu finden. In erster Linie wird es der Therapeut sein, der ihm diesen Halt geben muß. So ist es völlig richtig, wenn er sich zunächst abhängig macht und am liebsten ewig in der Abhängigkeit bleiben würde. In der Therapie kann er lernen, einen gesunden Abstand zu anderen Menschen zu finden. Der Abschied, der hier zum erstenmal im Leben bewußt genommen wird, ist ein entscheidender Schritt in der Persönlichkeitsentwicklung.

Menschen wie Hans mein Igel müssen dies erst lernen. Wird dieses Problem des Abschieds nicht offen besprochen und bearbeitet, wird der Betroffene sich dem Abschiednehmen entziehen wollen. Er wird eventuell mit den Mitgliedern der Gemeinschaft Streit anfangen und so die Beziehungen entwerten, um dann die «Schuldigen» mit Mißachtung zu strafen (alle sind seine Feinde, die Spaltung hat wieder stattgefunden). Oder er wird die therapeutische Gemeinschaft in einer Nacht-und-Nebel-Aktion verlassen, er flüchtet vor dem Abschied. Eine andere Variante der Abschiedsverweigerung sind Rückzug und Kontaktverweigerung. Die Mitpatienten stellen dann fest, daß der Betreffende genau so ist, wie er am Anfang war. Sie sind enttäuscht und wütend und versuchen dann ihrerseits, den Hans-mein-Igel-Menschen aus der Reserve zu locken. Wird das Abschiedsproblem nicht bearbeitet, ist die Therapie in aller Regel nicht erfolgreich.

Wie immer wieder festzustellen ist, geht es im wesentlichen um die Entwicklung von Beziehungsfähigkeit und Eigenständigkeit. In der Beziehung bleiben können, obwohl eine räumliche Trennung stattgefunden hat, ist ein wichtiges Entwicklungsziel. Wieder dürfen wir uns dies anhand der Entwicklungspsychologie deutlich machen: Das kleine Kind, das sich traut, die Mutter zu verlassen, kann sich nur sicher fühlen, wenn es weiß, daß es im Bedarfsfall immer wieder zurückkommen kann, und wenn es die Mutter als stabil und haltgebend erlebt. So wächst seine innere Sicherheit, die es ihm auf Dauer erlaubt, sich unabhängig zu machen. Wer Abschied genommen hat, der kann auch wiederkommen! Dies ist eine wichtige Wahrheit. Wer nicht Abschied genommen hat, behält Schuldgefühle, die sich negativ auswirken müssen.

In der Realität ist dieser Prozeß nicht einfach. Immer wieder muß betont werden, daß es sich beim Hans-mein-Igel-Syndrom um eine schwere Persönlichkeitsstörung handelt, die früh im Leben entstanden ist. Rückfälle in destruktive Verhaltensweisen, Überschreiten der gesetzten Normen und Regeln, ungesteuertes, unberechenbares Verhalten und Therapieabbrüche sind daher als eher wahrscheinliche Begleiter des Therapieprozesses anzusehen.

Eine Patientin mit einem Hans-mein-Igel-Syndrom berichtet einige Zeit nach der stationären Therapie, nachdem sie auch rückfällig mit Alkohol geworden war:

«Nach dem letzten Rückfall habe ich mich entschlossen, zunächst alleine zu bleiben. Seitdem sorge ich mich nur um mich selbst. Ich übe das Alleinsein, höre Musik und tue Dinge, die mir Spaß machen. Manchmal denke ich, daß ich es nicht ertragen kann; dennoch ist mir meine neue Freiheit viel zu wertvoll, als daß ich sie mit einer meiner üblichen Beziehungen, in denen ich den Partner und mich selbst mißbrauche, zerstöre. Ich würde sofort wieder in die alten Verhaltensweisen verfallen und mich selbst wieder vergessen. Meine Freunde in der Selbsthilfegruppe behaupten, daß sie mich kaum noch wiedererkennen. Ich fange an, mich langsam selbst zu mögen. Ich bemühe mich um regelmäßige Arbeit, und ich will endlich mein Leben selbst in die Hand nehmen.»

Die Patientin hat verstanden, daß sie in dieser Entwicklungsphase noch nicht zu einer Beziehung in der Lage ist. Sie weiß, daß sie sich sofort wieder der alten Mechanismen bedienen würde mit dem Ziel, das vom Partner zu haben, was ihr seit ihrer frühesten Kindheit fehlt. Das Ergebnis wäre wieder vergleichbar mit den Ereignissen am ersten Königshof. Was sie braucht, sind relativ lose Beziehungen, die sie in der Selbsthilfegruppe findet. Hier kann sie sich an anderen Betroffenen orientieren und so lernen, ihrem Leben Ordnung und Struktur zu geben.

«Das Königreich erben» bedeutet, nicht nur in den alltäglichen Bereichen des Lebens zurechtzukommen, Beziehungen erleben, geben und nehmen zu können. Mit dem Königreich sind auch andere Dimensionen der menschlichen Existenz angesprochen: Der Mensch benötigt für seine seelische und körperliche Gesundheit eine positive Beziehung zu sich selbst, eine grundsätzlich positive Beziehung zu seinen Mitmenschen und eine grundsätzlich positive Beziehung zu etwas Höherem. Diese dreifache Beziehung kann in Form eines Dreieckes dargestellt werden:

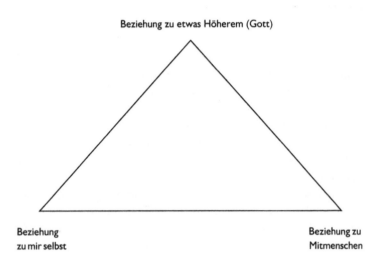

Beziehung zu etwas Höherem (Gott)

Beziehung
zu mir selbst

Beziehung zu
Mitmenschen

In der Beziehung, die ein Mensch zu sich selbst hat, spiegeln sich die beiden anderen Dimensionen. Für viele ist es zwar einleuchtend, daß die Beziehung eines Menschen zu sich selbst nicht unabhängig davon sein kann, welche Beziehung er zu anderen hat. Aber wozu benötigt er eine Beziehung zu etwas Höherem? Hierzu einige Überlegungen:

Die Menschen, alle Lebewesen, die Natur, der gesamte Kosmos bilden eine Einheit. Durch die westliche Zivilisation, die auf alle ihre Mitglieder wirkt, haben wir uns von dem Gefühl entfernt, Teil des Ganzen zu sein. Der Mensch lernt, daß er einen

Körper hat, einen Geist und eine Seele. Alles scheint voneinander getrennt zu sein, da man es unterscheiden kann. So lebt der Mensch getrennt von seinen Mitmenschen und von der Natur. Andere Kulturen, ich denke zum Beispiel an die Indianer, erleb(t)en sich wesentlich verbundener mit der Natur. Sie erleb(t)en sich als ein Teil von ihr und würden niemals auf die Idee kommen, die Natur zu zerstören, da sie ja Teil derselben sind. Die Natur zerstören hieße, sich selbst zu zerstören.

Umweltzerstörung setzt voraus, daß der Mensch sich als getrennt erlebt von der Natur – wenn er nichts mehr mit ihr zu tun hat, dann kann er mit ihr machen, was er will. In der westlichen Zivilisation erlebt der Mensch auch seinen Körper als getrennt von sich selbst. Entweder ist der Körper ein Objekt, mit dem man sich aufgrund von Attraktivität und Schönheit gesellschaftliche Vorteile verschaffen kann, oder er wird durch Genußgifte nach Belieben mißbraucht. Der Mensch erlebt sich nicht als Einheit mit seinem Körper, und ebenso erlebt er sich in der Regel nicht als Einheit mit dem Universum.

In den Urerzählungen der Völker wird die Einheit beschrieben: Alles gehört zusammen, alles bildet eine Einheit, der Mensch im Paradies, der Mensch im völligen Einklang mit den Kräften der Natur und damit auch im Einklang mit den Kräften, die ihn geschaffen haben und ihn wieder sterben lassen. Dabei ist unter «Urerzählung» nicht ein Bericht zu verstehen, der vor sehr langer Zeit stattgefunden hat, sondern es ist ein Zustand beschrieben, der in Wirklichkeit immer (das heißt in jedem Augenblick) existiert. In jedem Augenblick existiert die Einheit, nur hat der Mensch sich mit Hilfe seines Geistes von dem Einheitserleben getrennt. In der biblischen Urerzählung ist es Adam, der den Tieren, den Pflanzen, allen Dingen in der Natur Namen gab. Damit konnte er sie unterscheiden, das hat Vorteile, aber auch den entscheidenden Nachteil, daß «voneinander unterscheiden» auch «voneinander trennen» bedeutet. Die Welt wird immer weiter aufgespalten und differenziert. Letztlich fällt auch der Mensch heraus aus der Einheit.

Das Getrenntsein ist ein Teil des menschlichen Dramas, welches sich auf allen Ebenen seiner Existenz abspielen kann. Besonders drastisch findet sich das Sich-getrennt-Erleben im Märchen von Hans mein Igel. Er fühlt sich abgelehnt und damit abgetrennt von seiner Mutter, abgespalten von der Gemeinschaft, und mitunter erlebt er zudem seinen Körper als nicht zu sich selbst gehörig. Er wird von Angst regiert, fühlt sich von ihr angetrieben und ihr ausgeliefert.

In mehr oder weniger starker Weise erlebt der Mensch in unserer Kultur Trennung besonders als die Angst, seinem eigenen Tod ausgeliefert zu sein. Der Tatbestand des Sterbenmüssens soll möglichst gründlich vergessen werden. Mit allen möglichen Mitteln versucht der Mensch in der Industriegesellschaft, die Angst vor dem Sterben zu betäuben. Der Drang zu weiterem Fortschritt, zu mehr Konsum bringt aber nicht nur immer weitere Umweltzerstörung, sondern ist letztlich auch als Versuch untauglich, von der Angst vor der eigenen Sterblichkeit abzulenken. Trotz aller Tricks und Finten läßt die Realität der Natur sich nicht beeinflussen. Der ewige Prozeß des Werdens und Sterbens wird sich fortsetzen, auch wenn der Mensch ihn nicht wahrhaben will.

So ist schon viel gewonnen, wenn sich Menschen der Realität in der Weise bewußt werden, daß sie sich der Tatsache der eigenen Vergänglichkeit stellen und ihr Leben auf diesem Hintergrund zu ordnen versuchen. Dies bedeutet, sich der wichtigsten Frage überhaupt zu stellen, nämlich der nach dem eigenen *Lebenssinn*. Die Frage: «Welchen Sinn sehen Sie in Ihrem Leben?» löst in Therapiegruppen bei vielen Teilnehmern große Bestürzung und Ratlosigkeit aus. Auch andere provozierende Fragen: «Wie lange wollen Sie noch leben? Was wollen Sie mit dem Rest Ihres Lebens anfangen?» Bekanntlich läßt sich der Wert des Lebens nur vom Tode her bestimmen. Viele Menschen verbringen ihr Leben «im Schlafwagen» oder, um ein anderes Bild zu benutzen, wie die «Hamster im Rad». Sie halten für selbstverständlich, was sie tun, und sind sich der Antreiber nicht bewußt. Bei der

Auseinandersetzung mit der Sinnfrage wird letztlich immer deutlich, daß es nicht reicht, daß Symptome verschwinden, daß beispielsweise ein Alkoholiker abstinent lebt; das allein macht noch keinen Sinn.

Der Begründer der Logotherapie, Viktor E. Frankl, sieht in der Lösung der Sinnfrage das zentrale Thema jedes Menschen. Symptome verschwinden, wenn es gelungen ist, auf die Sinnfrage eine befriedigende Antwort zu finden. Dies ist grundsätzlich jedem Menschen möglich, der über sich selbst nachdenken kann. Da eine einfache Lösung aber meist nicht in Sicht ist, verschwindet die Frage wieder, und der Betreffende sucht weiter den Sinn in den alten Symptomen. Es sind insbesondere Lebenskrisen, die die Chance bieten, das Gefühl für die Realität zu erweitern und universellere Quellen *anzuzapfen*. Die Hinwendung zu Formen der Meditation oder die Ausrichtung des Lebens nach spirituellen Gesichtspunkten, etwa nach dem Programm der Anonymen Alkoholiker, führt zur Erweiterung des Bewußtseins. Die Krise hat dann eine befriedigende Antwort gefunden, wenn es gelungen ist, dem Leben auf eine umfassendere Weise neuen Sinn zu geben.

Eine positive Beziehung zu etwas Höherem zu entwickeln oder zu haben ist für viele Menschen nicht einfach, für Menschen wie Hans mein Igel zunächst unmöglich. Ein Mensch, der ein dermaßen negatives Bild von sich selbst hat, kann keine positive Beziehung zu etwas Höherem oder zu Gott haben. Vielfach hat außerdem dadurch, daß die Erzieher oft mit einem strafenden Gott – und seinen Stellvertretern – während der Kindheit Angst eingeflößt haben, eine «Gottesvergiftung» stattgefunden. Weil damals mit Gott und der Hölle gedroht und viele Kindheitsängste in Form von Schuldgefühlen erzeugt wurden, empfinden viele Erwachsene immer noch sehr zwiespältige oder ablehnende Gefühle, wenn es um dieses Thema geht. Die Anonymen Alkoholiker bieten daher allen ihren Mitgliedern die Möglichkeit, ihr eigenes Gottesbild zu suchen und zu finden – «Gott, so wie wir ihn verstehen».

Für Leo Tolstoi, der in eine Lebenskrise geraten war, kam Licht in seine Verzweiflung, als er eines Tages allein durch den Wald ging. Er beschreibt, wie er begonnen habe, über sein Leben und über das nachzudenken, was größer war als sein Leben, aber noch unentdeckt. Das Fehlen dieses größeren Elements war die Quelle seiner Verzweiflung. Dort, in der Natur des Waldes, suchte er in sich selbst nach diesem Gefühl für etwas Größeres. Plötzlich erlebte er das Erwachen eines neuen Gefühls von Sinn und Zweck im Leben. Dieses Größere war das Leben selbst, und es war überall um ihn herum. Er war erfüllt von Bewunderung für den Reichtum und die Tiefe des Lebens und seinen eigenen Platz darin. Nach dieser Erfahrung schrieb Tolstoi: «Die Dinge in mir und um mich herum wurden klarer denn je, und das Licht ist nie wieder ganz erloschen. Wie es zu dieser Veränderung kam, kann ich nicht sagen. So unfühlbar und allmählich, wie die Lebenskraft in mir erstorben war und ich mein moralisches Sterbebett erreicht hatte, so allmählich und unmerklich kam die Lebensenergie zurück.»

«Das Reich erben» bedeutet Bewußtheit herzustellen und Verantwortung zu übernehmen für das eigene Königtum (für sich selbst), für seinen Wert, mit allen Stärken und Schwächen, für seine Stellung im Kosmos. Paul Tillich nennt dies den «Mut, Teil zu sein», und meint damit: sich selbst trotz der vielen erlebten Unterdrückungen, Abwertungen und Vernachlässigungen, wie sie bei Hans mein Igel in furchtbarer Weise stattgefunden haben, als wichtigen Teil eines lebenden Organismus zu begreifen, einen Teil, auf den es ankommt.

Die Rückkehr

Nach vielen Jahren kehrt Hans mein Igel zurück zu seinem Vater. Dieser erkennt ihn nicht, bis er sich zu erkennen gibt. Nun freut sich der alte Vater erstmals über die Begegnung mit seinem Sohn. Damit ist auch er erlöst, und im Märchen heißt es: «... und er ging mit ihm in sein Königreich.» Während die anderen Lösungen, die sich im Märchen aufgetan haben, schnell und zügig abgelaufen sind – denken wir nur an die Verbrennung des Igelpelzes –, dauert es nach Aussage des Märchens einige Jahre, bis Hans mein Igel den Weg zurück zu seinem Vater findet.

Die Versöhnung mit den Eltern ist der letzte Abschnitt in der Therapie. In der Tat steht dieser Schritt erst nach einer langen Reise, nach einem langen Entwicklungsweg an. Hans mein Igel hat sehr unter der Ablehnung durch den Vater gelitten und mußte den Weg in die Unabhängigkeit alleine schaffen. Erlösung hat demnach, folgen wir den Aussagen des Märchens, immer etwas mit Verzeihen zu tun. Hans mein Igel konnte dies jedoch erst, nachdem es ihm gelungen war, einen Weg aus seinen Schwierigkeiten zu finden. Erinnern wir uns daran, daß es auf diesem Weg erforderlich war, daß er sich selbst vergab, unschuldig wurde (die weiße Farbe), sich unschuldig fühlte. Er hatte lernen müssen zu akzeptieren, daß er nicht anders werden konnte, als er geworden ist, daß er sich selbst und andere sehr verletzen mußte.

Wirkliches Sich-selbst-Vergeben ist nur möglich, wenn auch die Schuld der anderen relativ wird. So kann Hans mein Igel nun auch den Vater als ein Opfer von dessen eigenen Schwierigkeiten sehen: Seine innere Not, seine Minderwertigkeitsgefühle und sein falscher Stolz brachten ihn dazu, seinen eigenen Sohn abzulehnen.

In der Realität ist eine wirkliche Versöhnung mit den Eltern – oder wie im Märchen mit dem Vater – oft nicht möglich. Wenn wir uns an die Person des Vaters von Hans mein Igel erinnern, dann ist leicht vorstellbar, daß er seine negative Einstellung zu sich selbst und anderen beibehalten hat. Denken wir an seine Unzufriedenheit mit der Kinderlosigkeit, an seinen starren Charakter, an seine Minderwertigkeitsgefühle und die Tatsache, daß ihn das Schicksal mit einem Sohn wie Hans mein Igel konfrontierte, den er offenbar immer noch verleugnen will, da er sagt, «er hätte keinen, er hätte nur einen gehabt, der wäre aber wie ein Igel mit Stacheln geboren worden und wäre in die Welt gegangen». All dies spricht dafür, daß sich an den Haltungen und Einstellungen des Vaters nichts geändert hat. Wenn Hans mein Igel sich seinem Vater nähert, muß er befürchten, jemanden vorzufinden, der verbittert, starrsinnig, launisch und chronisch unzufrieden ist.

Im Alter verändern sich Menschen in zwei Richtungen: Entweder hat das Älterwerden zu einem Reifungsprozeß geführt, in dem der Mensch gelernt hat, bescheiden zu werden. Materielle Werte verlieren an Bedeutung, da spürbar wird, daß das Leben in absehbarer Zeit vorbei sein wird und niemand etwas mitnehmen kann. Manche werden im wahrsten Sinne des Wortes «weitsichtig», ihr Blickfeld wird weiter. Sie spüren, daß es darum geht, Frieden zu machen mit sich und der Welt. Der Blick richtet sich vermehrt nach innen, religiöse und spirituelle Dimensionen gewinnen an Bedeutung. Nicht selten sind Krankheiten Lehrmeister oder können zu solchen werden. – Die andere Variante der Veränderung wird allgemein als Altersstarrsinn bezeichnet, der bis ins Wahnhafte reichen kann.

In der Therapie habe ich immer wieder erleben müssen, daß Versöhnung mit den Eltern nicht möglich war; sei es, daß die Eltern zu einer wirklichen Versöhnung nicht bereit oder in der Lage waren, daß sie nicht mehr lebten oder in manchen Fällen nur daran interessiert waren, sich in krankhafter Weise an ihre erwachsenen Kinder zu klammern, sie von sich abhängig zu machen. Gerade in diesen Fällen muß die Therapie zu einer eigenständigeren und autonomeren Haltung dem Elternteil gegenüber verhelfen, welcher mit unlauteren Mitteln Herrschaft über die Persönlichkeit des Sohnes oder der Tochter ausüben will. Eine Versöhnung zwischen zwei autonomen Menschen kann nicht stattfinden, wenn der eine Teil Unterwerfung fordert.

Wenn wir versuchen, das Problem von Hans mein Igels Vater tiefer zu verstehen, werden wir unter der kalten, egoistischen Oberfläche einen Menschen finden, der unter der Qual leidet, nicht lieben zu können. Am Ausgangspunkt des Märchens finden wir einen Menschen, der in sich keinen stärkeren Wunsch spürt als den, einen Sohn zu haben. Bei allen – auch zweifelhaften – Wünschen, die er hat, ist doch sein Bedürfnis unverkennbar, daß er seinen Sohn auch lieben möchte. Er will sich an seiner Existenz freuen und stolz auf ihn sein, und er würde sicher alles für ihn tun, wenn er ihn nur lieben könnte – wenn er doch nur so wäre, wie er ihn sich vorstellte.

In einer Therapiegruppe schilderte eine Frau ihre tiefen Schuldgefühle, die sie ihrem Sohn gegenüber hegte, seitdem sie ihn geboren hatte. Als er da war, fühlte sie sich mit seiner Versorgung überfordert. Sie fand ihn häßlich und spürte heftige Ablehnung ihm gegenüber. Sie hatte sich zwar ein Kind gewünscht und wäre, wie sie selbst sagte, sicher sehr unglücklich gewesen, wenn sie diesen Sohn nicht geboren hätte. So gehörte das *Muttersein* zwar zu ihrer Identität, aber die Verantwortung für einen Säugling, den sie nicht lieben konnte, wollte sie nicht tragen. Sie kam der Versorgung des Kindes in der Weise nach, daß ihm an Pflege und Versorgung nichts fehlte, aber emotional vernachlässigte sie ihr Kind. Wegen einer Brustentzündung konnte sie ihn nicht stillen und vermied insgesamt Körperkontakt und Intimität mit ihm. Ihr Sohn war ihr eine Last, und sie hätte ihn am liebsten in Pflege gegeben. In der Gruppe gestand sie nach einigem Zögern, daß sie sich auch des öfteren den Tod des Säuglings gewünscht hatte. So sehr sie den Willen hatte, dem Klischee einer guten Mutter zu entsprechen, so sehr spürte sie ihre Unfähigkeit hierzu.

Die Schuldgefühle rührten nicht unwesentlich daher, daß sie genau wußte, welchen Schaden sie mit ihrer ablehnenden Haltung anrichtete. Sie selbst war von ihrer eigenen Mutter in ähnlicher Weise behandelt worden und litt immer noch unter deren Kälte und Strenge. Dabei gab sie an, ihrer Mutter gegenüber weder Haß noch Ablehnung zu spüren, da diese während der Kriegswirren ein sehr schweres Leben gehabt habe, dafür müsse sie Verständnis haben.

Im Rollenspiel setzte sie sich mit der Beziehung zu ihrem Sohn auseinander. Sie stellte sich vor, wie er vor ihr auf einem Stuhl saß und ihren Worten zuhörte. Sie traute sich immer mehr, die Wahrheit auszusprechen und einzugestehen, daß sie sich seinen Tod gewünscht hatte. Danach wechselte sie die Rolle und versuchte, sich in ihren Sohn hineinzufühlen. So nahm sie seine große Sehnsucht nach Zuneigung und Wärme wahr. Sie war voller Schmerz und spürte sehr bald, daß sie selbst die tiefen Verletzungen wiedererlebte, die sie ihrer Mutter nie zeigen durfte.

Nach dem Rollenspiel wurde sie von den anderen Gruppenmitgliedern verändert wahrgenommen. Während sie vorher überheblich, kalt und verbittert gewirkt hatte, wurde sie jetzt, nachdem sie Zugang zu ihrer Bedürftigkeit gefunden hatte, als menschlich und liebenswürdig wahrgenommen. Mehrere Gruppenmitglieder, die selbst von ihren Müttern abgelehnt wurden, äußerten ihre Sehnsucht nach einem ehrlichen Gespräch mit der Mutter, damit das oberflächliche, unechte Gerede ein Ende habe. – Erst die Wahrheit macht wirkliche Beziehung möglich. Die Wahrheit ist aber oft bitter, und sie zu äußern erfordert Mut. Die Patientin entschied sich dafür, das Gespräch mit ihrem mittlerweile erwachsenen Sohn zu suchen und offen über ihre Gefühle zu sprechen.

Versöhnung und Verzeihung sind nur möglich, wenn *Verstehen* stattfindet. So ist wirkliches Verzeihen tiefer Kränkung und Verwundung ein Prozeß, der lange Zeit dauern kann. Immer wieder miteinander darüber zu reden und die wahren Gefühle auszutauschen, fördert das Verstehen und das Ergebnis – das

Verzeihen. Im Märchen heißt es: «... der alte Vater freute sich und ging mit ihm in sein Königreich.» Hier wurde ein Weg gefunden, der erst durch die Transformation von Hans mein Igel möglich geworden war.

Betrachten wir abschließend nochmals zusammenfassend die Schwierigkeiten, die Hans mein Igel in Beziehungen hat, dann sehen wir, daß er von seinem Gegenüber Unterwerfung und symbiotische Verschmelzung fordert und über seine Psychospiele andere manipuliert. Der Therapieprozeß, der sich im Märchen abbildet, macht ihn beziehungsfähig. Er sieht die Welt nicht mehr nur schwarz oder weiß, er ist selbständig geworden und versucht nicht mehr, andere für sich zu mißbrauchen, sich von ihnen retten zu lassen. Er hat sich selbst verstanden, und dies macht ihn erst zu einer wirklichen Versöhnung, insbesondere auch mit sich selbst, fähig.

Selbst wenn in der Realität oft keine tatsächliche Versöhnung möglich ist, hat das Märchen mit der letzten Szene recht. Es muß zumindest mit dem Bild, welches Hans mein Igel von seinem Vater in sich trägt, zu einer Versöhnung kommen. Jeder Versuch, das Geschehene einfach zu vergessen, zu ignorieren oder umzuinterpretieren, ist letztlich zum Scheitern verurteilt.

Der Kreis hat sich geschlossen, und das Märchen ist aus. Die meisten Märchen enden mit dem Satz: «... und wenn sie nicht gestorben sind, dann leben sie noch heute.» Tatsächlich kann man sagen, daß sie noch heute leben, denn es wird weiter Menschen geben, die so sind wie Hans mein Igel, die zutiefst an ihrer Störung leiden und zwangsläufig andere mit hineinziehen in Leid und Elend, bis sie einen Weg daraus finden.

Möge die Auseinandersetzung mit dem Märchen ein klein wenig dazu beitragen, daß Licht und Hoffnung bei den Suchenden stärker werden.

Anhang

In diesem Anhang finden Betroffene, interessierte Laien und Fachleute weitere Informationen.

Die Borderline-Persönlichkeitsstörung ist immer eine frühe und tiefe psychische Erkrankung. Es wird nur dann davon ausgegangen, daß eine solche Persönlichkeitsstörung besteht, wenn die Kriterien nach dem sogenannten DSM-III-R (am Ende des Anhangs wiedergegeben) erfüllt sind. Natürlich sind die Übergänge in der Realität fließend. Viele Menschen haben Störungen, die an das Borderline-Syndrom erinnern, ohne daß man von einer Krankheit sprechen sollte. Um dies mit dem Märchen in Verbindung zu bringen, kann man sagen, daß jeder Mensch einen mehr oder weniger dicken «Igelpelz» hat. Viele versuchen, ihre seelische Not zum Beispiel mit exzessivem Arbeiten auszugleichen. Top-Manager fallen mit ihrer Arbeitssucht zunächst nicht auf, da von ihnen eine extreme Arbeitsleistung erwartet wird. Das tieferliegende Problem bleibt oft so lange für eine Bearbeitung unzugänglich, bis eine persönliche Krise oder psychosomatische Erkrankungen zur Auseinandersetzung auffordern.

Nicht selten sind Menschen mit dem Hans-mein-Igel-Syndrom unauffällig und angepaßt, wobei es hinter der glatten Fassade blitzt und donnert. Plötzlich auftretende Katastrophen wie Selbstverletzung, Gewalttätigkeit, exzessiver Suchtmittelmißbrauch, Suizidversuch oder Suizid werden daher von anderen Menschen nicht verstanden.

Bei den Fallbeispielen handelt es sich um Patienten und Patientinnen mit schweren Störungen, die eine mindestens sechsmonatige stationäre Therapie benötigten. Diese Beispiele wurden ausgewählt, um zu zeigen, daß auch in solch schweren Fällen Hilfe möglich ist.

Im Anschluß an eine stationäre Therapie ist in der Regel noch ambulante Therapie erforderlich.

Zwei Fallgeschichten

Herr A.

Herr A. wurde in Asien geboren, die Mutter war bei seiner Geburt gerade sechzehn Jahre alt. In kurzer Folge kamen seine beiden jüngeren Schwestern zur Welt. Kein Wunder, daß die Mutter mit der Versorgung der Kinder häufig überfordert war. Als Herr A. neun Jahre alt war, siedelte die Familie nach Deutschland über. Bald fiel Herr A. in der Schule wegen seiner Aggressionen auf, er verletzte Mitschüler und beschädigte mitunter wahllos Gegenstände. Wegen seines auffällig aggressiven Verhaltens wurde er für einhalb Jahre in einem Heim für freiwillige Erziehungshilfe untergebracht, wo sich, wie er berichtete, seine Haßgefühle verstärkten. Nachdem er die Schule trotz der häufigen Fehlzeiten mit einem guten Notendurchschnitt absolviert hatte, fand er eine Lehrstelle als Industriekaufmann und zog von zu Hause weg. Viermal mußte er die Lehrstelle wechseln, da es immer wieder zu Schwierigkeiten mit dem Arbeitgeber kam, trotzdem konnte er die Ausbildung mit einem regulären Abschluß beenden. Danach arbeitete er in verschiedenen Beschäftigungsverhältnissen, mehrere Jahre bestritt er seinen Lebensunterhalt durch Prostitution.

Herr A. wurde mehrfach straffällig, unter anderem wegen Körperverletzung, schweren bewaffneten Raubüberfalls, Diebstahls, Sachbeschädigung, illegalen Waffenbesitzes und Brandstiftung; sechs Jahre war Herr A. deshalb in Haft. Alle Straftaten erfolgten unter Suchtmitteleinfluß.

Ab dem fünfzehnten Lebensjahr begann er in steigenden Mengen Alkohol und Cannabis zu konsumieren, dann auch Psychopharmaka wie Distraneurin, Lexotanil, Mogadon, Captagon und Atosil. Im Zusammenhang mit der Prostitution steigerte er seinen Suchtmittelkonsum erheblich, reduzierte aber, nachdem er optische Halluzinationen bekam, den Medikamentenabusus und trank wieder vermehrt Alkohol. Viermal machte er unter Suchtmitteleinfluß einen Suizidversuch.

Nach mehreren körperlichen Zusammenbrüchen mit komatösen Zuständen (Bewußtlosigkeit) war er bereit, eine Entwöhnungsbehandlung anzutreten. In der Klinik gestaltete sich besonders der Beginn der Therapie äußerst schwierig. Er wirkte sehr schnell mißtrauisch und nervös. Im Gespräch fiel er durch sein hektisches, ausschweifendes und zeitweise unzusammenhängendes Reden auf. Er äußerte, daß er sich selbst, Gott und die Welt hasse; wäre er in der Wüste und gäbe es nur noch Wasser für einen Menschen oder ein Tier, dann würde er das Wasser auf jeden Fall dem Tier geben. Er habe auch Angst, daß er Amok laufen könnte, sich selbst beziehe er in solche Vernichtungsgedanken mit ein.

Er bemühte sich, nach außen besonders «cool» zu wirken, und hatte in der Gruppe schnell eine Sonderposition inne: Er war abwechselnd Außenseiter, Prügelknabe und Musterschüler. Zunächst versuchte er, mit negativen Verhaltensweisen – wie massiver Kritik an den Gruppenmitgliedern oder durch Verstöße gegen die Hausordnung – Aufsehen zu erregen. Bei Rückmeldungen fühlte er sich schnell angegriffen, war auffallend kränkbar und reagierte in solchen Situationen mit überschäumender, heftiger Wut oder mit depressiven Verstimmungen.

Nach einer langen Eingewöhnungsphase begann er, sich langsam zu öffnen und besser in die Gruppe zu integrieren. Nur zögernd vermochte er seine extreme Angst vor Ablehnung so weit zu überwinden, daß er über seine Schwierigkeiten und über seine Gefühle sprechen konnte. Er begann, den Zusammenhang zwischen seiner Angst vor Ablehnung, seinem Mißtrauen, seiner Außenseiterrolle und seiner Suchtmittelabhängigkeit zu erkennen. Mitunter war er über die freundliche, aufmunternde Haltung der Gruppenmitglieder verwundert, da sie sein Gefühl, angenommen zu sein, förderten. Erst allmählich konnte Herr

A. Kritik an seiner Person dahingehend verstehen, daß sie nicht Ablehnung bedeutete, sondern ein Zeichen war, daß er von anderen Gruppenmitgliedern akzeptiert und geachtet wurde. Dadurch gelang es ihm, sich noch mehr zu öffnen und intensivere Beziehungen zu einigen Gruppenmitgliedern herzustellen. Er übernahm verschiedene Aufgaben in der Patientenselbstverwaltung, die er immer besser bewältigte. Er reagierte weniger aggressiv und zeigte sich zunehmend interessiert an konstruktiven Lösungen. Nachdem er erkennen konnte, daß er immer wieder zwischen Selbstabwertung und Selbstüberschätzung hin- und herschwankte, gewann er zunehmend ein realistischeres Selbstbild.

Im Verlauf des Klinikaufenthalts, der insgesamt sechs Monate dauerte, verbesserte sich seine Konfliktfähigkeit, und er lernte eindeutiger und direkter über sich selbst zu reden. Besonders bedeutsam war, daß er Problemthemen frühzeitiger ansprach, Ärgergefühle angemessener zeigte und besser mit körperlichen Spannungszuständen umgehen lernte.

Trotz eindeutiger Therapiefortschritte kam es bei tieferreichenden Kontakten zu Verhaltensrückfällen wie Rückzug, Verweigerung und aggressivem Verhalten. Diese Rückfälle in destruktive Verhaltensweisen konnten aber im nachhinein bearbeitet werden. Auch gegen Ende der Therapie war es Herrn A. nicht immer möglich, für ihn kritische Situationen von Beginn an konstruktiv zu gestalten. Die Verabschiedungsszene in der Gemeinschaft war eine solch schwierige Situation, in der er mit seinen altbekannten destruktiven Verhaltensweisen reagierte: Er verstieß gegen die Hausordnung und versuchte damit, eine disziplinarische Entlassung zu provozieren, denn er wollte sich zunächst den mit Abschied verbundenen Gefühlen nicht stellen. Erst nachdem er sich mit den Hintergründen seiner Regelverstöße auseinandergesetzt hatte, stellte er sich der Verabschiedung in der Kerngruppe und der therapeutischen Gemeinschaft.

Nach dem Klinikaufenthalt arbeitete Herr A. für kurze Zeit in seinem alten Beruf, dann gelang es ihm, eine Stelle in einer Übergangseinrichtung für Suchtkranke zu finden. Seit einigen Jahren lebt er abstinent und berichtet, daß er eine positive Beziehung zu Gott gefunden habe. Dies sei ihm sehr wichtig geworden.

Frau G.

Wie schwierig der Prozeß der Genesung ist, wird in folgendem Beispiel besonders deutlich.

Die Vorgeschichte von Frau G. mutet grauenhaft an: Die Mutter war mit der Erziehung von sechs Kindern hoffnungslos überfordert; der Vater wurde, als Frau G. fünf Jahre alt war, erschossen. Der Stiefvater war Alkoholiker und tyrannisierte die Familie, besonders sadistisch verhielt er sich gegenüber der Patientin, die er nach einiger Zeit täglich quälte. Als sie neun Jahre alt war, fiel der Lehrerin beim Sportunterricht auf, daß ihr Körper fast vollständig mit Prellungen und Brandwunden übersät war. Sie erstattete Anzeige gegen den Stiefvater, und es kam zu einem aufsehenerregenden Prozeß, in welchem dem Stiefvater sadistische Praktiken und sexueller Mißbrauch nachgewiesen werden konnten. Er wurde zu einer fünfjährigen Haftstrafe, die Mutter wegen ihrer Mitwisserschaft zu zwei Jahren Haft verurteilt.

In der Folgezeit litt die Patientin, die in einem Heim untergebracht wurde, unter Schuldgefühlen, weil ihre Mutter ihretwegen ins Gefängnis gehen mußte. Besonders die älteren Brüder machten ihr deswegen Vorwürfe. Noch während des Aufenthaltes in der Justizvollzugsanstalt erkrankte die Mutter; sie starb, kurz nachdem sie aus der Haft entlassen war. Die Schuldgefühle der Patientin verstärkten sich, da sie glaubte, auch am Tod ihrer Mutter schuld zu sein. Sie begann, sie zu idealisieren, und die Haßgefühle gegen den Stiefvater verschärften sich.

Mit zwölf Jahren kam sie in Kontakt mit Drogen. Etwa neun Jahre hielt sie sich in der Drogenszene auf, wobei sie vor allem Kokain und Heroin nahm. Im Zusammenhang mit Beschaffungskriminalität wurde sie mehrfach straffällig, eine Zeitlang prostituierte sie sich, um Suchtmittel zu beschaffen. Mit zwanzig heiratete sie einen Ausländer, damit dieser seine Aufenthalts-genehmigung nicht verlor. Sexuelle Kontakte waren ihr nur unter massivem Einsatz von Betäubungsmitteln möglich; sie wurde magersüchtig und später bulimisch (zwanghaftes Essen und Erbrechen).

Zuletzt arbeitete sie in einer Bar als Gehilfin und lebte mit dem Besitzer zusammen, der immer wieder versuchte, ihre Alkohol-exzesse – denn mittlerweile war Alkohol ihr hauptsächliches Suchtmittel geworden – zu verhindern. Diese Alkoholexzesse hat-ten verheerende Ausmaße, da Frau G. bis zur Besinnungslosigkeit trank. Im betrunkenen Zustand versuchte sie immer wieder, sich das Leben zu nehmen. Das ging so weit, daß der Partner sie schließlich am Bett ankettete, um zu verhindern, daß sie sich aus dem Fenster stürzte beziehungsweise weiter Alkohol trank.

Als sie in stationäre Therapie kam, war sie körperlich in einem schlechten Zustand. Sie war untergewichtig, eine Gelbsucht war gerade abgeklungen, sie klagte über Gliederschmerzen und stän-dige Müdigkeit. Zudem war sie verstimmt und litt unter massi-ven Entzugserscheinungen. Der Beginn der Therapie gestaltete sich sehr schwierig, da sie sich äußerst mißtrauisch zeigte. Nur sehr zögernd nahm sie Kontakt zu einigen Mitpatienten auf. Sie fühlte sich im Gefängnis und wollte die Therapie gleich zu Be-ginn wieder abbrechen. Mit ihr habe es sowieso keinen Sinn, war ihre anfängliche Meinung. Hinter der Resignation, die sicher teilweise echt war, vermutete der Therapeut auch große Angst vor dem, was in der Therapie auf sie zukommen würde. Frau G. erlebte jeden Tag wie eine Qual und dachte immer wieder daran, sich umzubringen oder zu flüchten, das heißt, die Therapie abzu-brechen und wieder Suchtmittel zu nehmen. Die täglichen kur-zen Kontakte mit dem Therapeuten dienten in erster Linie dazu, dem jeweiligen Tag Struktur zu geben. Jede einzelne Aktivität, insbesondere solche, bei denen sie Kontakt mit ihren Mitpatien-ten haben sollte, mußte geplant werden.

Allmählich faßte Frau G. Vertrauen, übernahm kleine Auf-gaben in der Patientenselbstverwaltung und begann, ihre Lebensgeschichte in der Therapiegruppe zu erzählen. Im Mittelpunkt stand die Beziehung zur Mutter und zum Stiefvater. Bei der Bearbeitung der Beziehung zum Stiefvater erlebte die Patientin erneut heftige Selbsttötungswünsche. Es war deutlich, daß sie den extremen Haß, den sie ihm gegenüber empfand, nicht anders bewältigen konnte, als ihn gegen sich selbst zu richten. Eine erneute Steigerung erlebte der Haß, als sie erfuhr, daß einer ihrer Brüder an einer Überdosis Heroin gestorben war, denn die Schuld dafür suchte sie ebenfalls im Verhalten des Stiefvaters, der allen Familienmitgliedern das Leben zur Hölle gemacht hatte. In ihrer ohnmächtigen Wut schlug sie mit der Faust so heftig gegen die Wand, daß sie ihre Mittelhandknochen brach. Obwohl sie sich für ihr selbstzerstörerisches Verhalten schämte, fühlte sie sich irgendwie erleichtert; immerhin hatte sie einen Kanal für ihre Wut gefunden, wenn auch einen falschen. Der Therapeut hielt Frau G. für suizidgefährdet.

Er gab ihr zu verstehen, daß Haß in bestimmten Lebenssituationen ein angemessenes Gefühl sei, welches man sich gestatten sollte. Frau G. befand sich in dem Zwiespalt, daß sie den Haß einerseits nicht abstellen konnte, gleichzeitig aber spürte, wie sehr der Stiefvater über diese nicht auflösbaren Haßgefühle immer noch ihre Stimmungen und ihr gesamtes Lebensgefühl bestimmte. Über ihre Haßgefühle blieb sie somit fixiert auf diesen Menschen, obwohl sie sich nichts sehnlicher wünschte, als endlich von ihm unabhängig zu werden.

Der Therapeut gab ihr nun den Auftrag, ihren Haß in einem Brief an den Stiefvater zum Ausdruck zu bringen. Dabei sollte sie in keiner Weise Rücksicht auf irgendwelche Formulierungen nehmen und zunächst nicht daran denken, ob sie den Brief abschicken wollte oder nicht. Frau G., die ein gewisses Talent besaß, sich schriftlich auszudrücken, schrieb ihren Haß und ihren Zorn seitenweise nieder. Als sie glaubte, damit fertig zu sein, wurde sie aufgefordert, einen weiteren Brief zu schreiben, zum gleichen Thema. Nach drei langen Briefen wollte sie nicht mehr schreiben. Sie hatte genug davon. Erstaunlich für sie selbst war, daß die Selbsttötungswünsche verschwunden waren und sie eine andere Einstellung zu ihrem Stiefvater gewonnen hatte. Zunehmend konnte sie ihn als einen suchtkranken Menschen betrachten, der die gleiche Krankheit hatte wie sie selbst.

Ohne vom Therapeuten darauf angesprochen worden zu sein, beschrieb sie, wie sie den Stiefvater mit ihrem Verhalten zu seinen Mißhandlungen provoziert hatte. Die größte Provokation bestand darin, daß sie keinerlei Schmerzgefühle zeigte. Sie verschaffte sich ein Überlegenheitsgefühl dadurch, daß sie trotz der grausamen Mißhandlungen, mit denen der Stiefvater sie zum Nachgeben, zur Unterwerfung zwingen wollte, keine Regung des Schmerzes verlauten ließ. Frau G. erklärte, daß sie keinen Schmerz mehr empfunden habe. Sie habe ihn irgendwie abstellen (abspalten) können; statt dessen seien ihre Haßgefühle und ihr Gefühl der Überlegenheit immer stärker geworden.

In der Therapie setzte sie sich nach einiger Zeit auch mit der Beziehung zu ihrer Mutter auseinander. Noch immer hegte sie ihr gegenüber starke Schuldgefühle. Es wurde deutlich, daß sie auf dem Hintergrund dieser Schuldgefühle nie richtig von ihr Abschied genommen hatte und auf diese Weise auch abhängig geblieben war. Abhängigkeit reicht über den Tod hinaus und drückt sich meist in Form von Schuldgefühlen (oder Haßgefühlen) aus, die der Betroffene nicht aufzugeben vermag. Mit Hilfe eines rituellen Tagtraums, auf den sie sich vorbereitet hatte, trat sie mit ihrer Mutter, genauer mit dem Bild der Mutter, welches in ihr existierte, in Kontakt. Als Symbol für die Beziehung fand sie im Tagtraum ein kleines Kuscheltier, das sie von der Mutter bekommen hatte. Erst im Wachtraum erinnerte sie sich an dieses Spielzeug und auch daran, daß der Stiefvater es in einem Wutanfall verbrannt hatte. Sie führte einen Dialog mit der Mutter über gegenseitige Vergebung und vergab ihr einerseits, daß sie zugelassen hatte, daß sie den Aggressionen ihres Stiefvaters ausgeliefert gewesen war, und andererseits, daß sie sie durch ihren frühen Tod verlassen hatte. Sie bat ihre Mutter um Verzeihung dafür, daß sie sie mit ihrer Aussage ins Gefängnis gebracht hatte.

Bei letzterem, beschrieb sie, habe sich kein rechtes Schuldgefühl mehr einstellen wollen. Sie erkannte, daß sie tiefe Wutgefühle gegen die Mutter hatte, die sie sich bisher nicht eingestehen konnte. Bis dahin hatte sie die Mutter idealisiert, jetzt sah sie auch ihre fehlerhaften Seiten, besonders ihre enorme Abhängigkeit und Unselbständigkeit. Sie erkannte weiter, daß sie bereits als kleines Kind versucht hatte, die Mutter zu schützen und zu retten. Mitunter hatte sie ihr Leben aufs Spiel gesetzt, um sie vor dem betrunkenen und unberechenbaren Vater zu schützen.

Dieses Muster, sich für andere zu opfern, war ihr immer wieder im Leben begegnet: sie opferte sich für Partner, angebliche Freundinnen und für ihre Geschwister, die alle ebenfalls Schwierigkeiten mit Drogen und Alkohol hatten. Auch in der Therapie kümmerte sie sich verstärkt um «bedürftige» Mitpatienten. Sie fixierte sich auf einen Mitpatienten, der sich mit ihr eine Liebesbeziehung wünschte. Obwohl sie keine tieferen Gefühle für ihn entwickeln konnte und in ihrer sexuellen Erlebnisfähigkeit auf dem Hintergrund ihrer Mißbrauchserfahrungen gestört war, gelang es ihr nicht, sich abzugrenzen. Sie blieb trotz der bedeutenden Fortschritte, die sie in der Therapie gemacht hatte, «co-abhängig». Nach sechs Monaten stationärer Therapie sollte sie in eine sogenannte Übergangseinrichtung wechseln, die eine schrittweise Eingliederung in eine unabhängige Lebensform ermöglichen sollte. Dies wurde von der Patientin abgelehnt.

Kurz nach dem stationären Aufenthalt wurde sie rückfällig. Sie lebte in einer Beziehung, die ihr keine Perspektive bot, traute sich jedoch nicht, diese zu beenden, da ihr ein eigenständiges Leben nicht möglich erschien.

Der Weg der Genesung der Menschen, die an einem Hans-mein-Igel-Syndrom leiden, ist fast immer mit zahlreichen Rückfällen verbunden. Die Tiefe der Störung ist keine Entschuldigung, sondern sie ist eine Tatsache! Dies müssen die Betroffenen wissen, und auch die, die sich als professionelle Helfer mit ihnen beschäftigen.

Wie erleben Borderline-Patienten
bestimmte Lebenssituationen?

Während einer stationären Entwöhnungsbehandlung wurde
eine Anzahl Patientinnen und Patienten zu alltäglichen Lebenssituationen befragt.

Die ersten beiden Fragen zielen auf Situationen, in denen eine gewisse Anpassung erforderlich ist. Im Supermarkt muß jeder Käu-
fer zum Beispiel einen Einkaufswagen benutzen und vor der
Kasse warten, auch im Bus sind Geduld und Anpassung erforderlich. Menschen mit einer Borderline-Störung fällt der Umgang mit festgelegten Regeln besonders schwer.

Was geht in Ihnen vor, wenn Sie einen Supermarkt betreten?
- «Ich hasse Supermärkte! Zum Beispiel wegen dieser primitiven verkaufspsychologischen Tricks, mit denen die Kunden
  verführt werden sollen und sich verführen lassen! Ich kann
  kaum hineingehen – Supermärkte sind mir echt zuwider. Lieber gehe ich in den Tante-Emma-Laden, das ist viel persönlicher.»
- «Diese kalte Atmosphäre kann ich nicht leiden, bin immer
  froh, wenn ich wieder raus bin.»
- «Habe mir immer einen Zettel gemacht, damit ich schnell wieder raus war!»
- «Vor der Kasse, wenn ich warten muß, werde ich regelmäßig
  aggressiv, könnte alles hinschmeißen; lieber gehe ich an den
  Kiosk, auch wenn es teurer ist.»
- «Sehr oft bin ich durch Kaufhäuser gezogen und habe stundenlang nichts anderes getan als die Regale angeschaut.»
- «Fühle mich immer unbehaglich und finde besonders die Wer-
  bung widerlich; ärgere mich, wenn ich in der Schlange warten
  muß.»
- «Einkaufenmüssen ist immer schlimm für mich, wenn ich
  warten muß, bekomme ich immer Haßgefühle.»

Wie erleben Sie Busfahrten?
- «Busfahren ist mir ein Graus, alle stieren so rum, sind mir zuwider.»
- «Diese vielen Menschen gehen mir auf den Geist. Lieber laufe ich zu Fuß, als daß ich mit dem Bus fahre, das ist schon oft vorgekommen; einmal bin ich zwölf Kilometer gelaufen, ich hätte auch fahren können.»
- «Finde ich nervig, außerdem bekomme ich immer Platzangst und Schweißausbrüche.»
- «Ich achte immer darauf, daß ich gleich neben der Tür bin.»
- «Ich bin nie mitgefahren, immer lieber mit dem Fahrrad durch den Regen.»
- «Wenn der Bus leer ist, geht es mir gut, wenn er voller ist, bekomme ich Platzangst, fühle mich dann wie in der Konservenbüchse.»
- «Im Bus mache ich mich innerlich einsam, wenn er voll wird, steige ich aus.»

Freie Zeit wird von Menschen mit einer Borderline-Störung schlecht ertragen. Um einer unerträglichen inneren Leere entgegenzuwirken, müssen sie immerzu aktiv sein. Oft meldet sich ein Drang zum Destruktiven und zum Extremen.

Was fangen Sie mit Ihrer Freizeit an?
- «In meiner Freizeit bin ich aktiv. Ich bastle an meinem Motorrad, am liebsten fahre ich durch die Gegend. Ich brauche immer Action, knalle mir Musik rein oder mache selber welche. Bloß nicht zur Ruhe kommen! Dann gibt es Zeiten, wo ich völlig passiv bin. Lasse mich in mein Selbstmitleid fallen, habe einen Haß auf alles und jedes und bin für niemanden erreichbar.»
- «Ich mache Sport oder gar nichts.»
- «Entweder bin ich absolut faul oder extrem aktiv. Manchmal bin ich an einem Abend durch fünf Discos gezogen.»
- «Häufig bin ich gelaufen, stundenlang, bis ich mich erbrechen mußte.»

— «Ich hatte nie Freizeit. Morgens war ich Briefträger, nachmittags habe ich für eine Getränkefirma Waren transportiert, abends und nachts habe ich in einer Gaststätte gekellnert. Ich habe immer viel Geld benötigt, damit ich mir etwas anschaffen konnte. Wenn ich alles hatte, habe ich durch mein schlampiges Verhalten wieder alles verloren. Wenn ich wieder unten am Boden lag, habe ich mich erneut mit viel Energie hochgearbeitet. Dieses Spiel wiederholte sich immer wieder.»

— «Oft fühle ich mich in der Freizeit blockiert, wenn nicht, gehe ich am liebsten in der Natur spazieren, allerdings mit meinem bissigen Hund, damit mir nichts passieren kann; Klavierspielen macht mir viel Spaß, mein Lieblingsmusical ist die West-Side-Story.»

— «Beim Nachdenken über meine Freizeit ist mir klar geworden, daß ich meiner Kindheit hinterherlaufe. Meine Eltern gestatteten mir nicht, meine kreativen Fähigkeiten auszuleben; der Versuch, dies nachzuholen, gelingt mir nicht in befriedigender Weise, so daß mein Zorn darüber immer präsent ist.»

— «In meiner Freizeit hänge ich nur rum, kann nichts mit mir anfangen, fühle mich wie im Käfig, bis ich wie eine Granate platze und tagelang verschwunden bin.»

Abschiednehmen ist für Menschen mit einer Borderline-Störung zunächst unmöglich. Daher ergeben sich große Probleme, wenn sie einen wichtigen Menschen durch Tod verlieren.

Wie erlebten sie den Tod eines nahen Angehörigen?

— «Als meine kleine Schwester starb – sie war erst drei Jahre –, hatte ich ein Gefühl, als sei ein Teil von mir gestorben. Ich fühlte mich völlig verlassen und hatte große Angst. Dies ist schon dreißig Jahre her, der Schmerz ist geblieben.»

— «Konnte keine Trauer empfinden. Als man mir sagte, daß meine Großmutter gestorben sei, habe ich nur ‹Das ist ja schön› gesagt. Ich habe dasselbe empfunden, als hätte mir jemand von einem Sack Reis in China erzählt.»

— «Als ich erfuhr, daß mein Vater gestorben sei, hatte ich ein Gefühl, als stünde ich neben mir.»
— «Als mein Kater gestorben war, fühlte ich mich sehr leer; ich
  habe dann geschnippelt.»
— «Nachdem ich erfuhr, daß mein bester Freund Selbstmord be-
  gangen hatte, war ich etwa eine halbe Stunde traurig, danach
  habe ich mir nichts mehr daraus gemacht.»
— «Ich fand es schlimm, daß ich nichts empfinden konnte, ich
  war leer und habe mich wenig später geprügelt.»

Der Beruf ist für Menschen mit einer Borderline-Störung meist
von großer Bedeutung. Ihr Arbeitsverhalten ist in der Regel
exzessiv. Ihr extremer Ehrgeiz bringt sie leicht «nach oben».
Ebenso schnell können sie aber auch scheitern, denn wenn es
langweilig wird, verlieren sie leicht jegliches Interesse und erscheinen beispielsweise einfach nicht mehr zur Arbeit. Die Alles-
oder-nichts-Haltung findet sich hier häufig wieder.

Wie erlebten Sie sich im Beruf?
— «In der Firma mußte ich immer der Beste sein. Ich habe immer
  malocht, bis zum Umfallen. Bei Sonderschichten ging man davon aus, daß ich da sein würde. Der Meister war wie ein Vater
  zu mir, für ihn wäre ich durchs Feuer gegangen. Die Arbeit
  war gut für mich und hat mir Spaß gemacht.»
— «Ich fand die Arbeit zum Kotzen, immer dasselbe. Am
  schlimmsten war es, wenn ich meine Arbeit erledigt hatte. Ich
  wußte dann nichts mit mir anzufangen. Ich habe mich dann
  heimlich fortgeschlichen, obwohl ich wußte, daß es wieder
  Ärger geben würde.»
— «Arbeiten fand ich immer nur so lange interessant, bis ich alles
  konnte, dann hatte ich kein Interesse mehr daran.»
— «Ich habe mich in der Firma immer darum gerissen, den Sprin-
  ger zu machen, dadurch konnte ich jeden Tag an drei verschiedenen Plätzen arbeiten. Niemand sonst hat diesen Job freiwil-
  lig gemacht.»

— «Meine Berufstätigkeit möchte ich als schillernd bezeichnen. Öfter habe ich den Beruf gewechselt, konnte immer sehr schnell arbeiten. Wenn ich meine Arbeit erledigt hatte, lernte ich noch Vokabeln.»

Wie schon bei der Deutung des Märchens «Hans mein Igel» ausführlich beschrieben, haben Menschen mit einer Borderline-Störung massive Schwierigkeiten in engen Beziehungen.

Haben Sie geheiratet? Wie erlebten Sie die Ehe?
— «Ja, ich habe einmal geheiratet. Ich versprach mir von der Ehe irgendwie Halt, Wärme und Zuneigung. Jedoch wurde ich enttäuscht. Immer hatte ich das Gefühl, eingesperrt zu sein, so daß ich gerade das Gegenteil von dem tat, was von mir erwartet wurde. Ich denke, daß ich zur Ehe nicht tauge. Natürlich weiß ich, daß ich meiner Frau sehr weh getan habe. Sie ist auch daran zerbrochen. Am schlimmsten ist für mich, daß ich keinen Kontakt zu meiner Tochter haben darf.»
— «In Beziehungen fühlte ich mich nie wohl. Ständig hatte ich Ärger und Streit. Am schlimmsten war meine unberechtigte Eifersucht. Ich konkurrierte mit allen, die mit meiner Frau zusammentrafen.»
— «Ich bin fast daran zugrunde gegangen. Der Partner schlug mich zusammen, ich hatte Todesangst; trotzdem war meine Angst, verlassen zu werden, viel stärker. Deswegen ließ ich alles mit mir machen.»
— «Natürlich wußte ich, daß die Beziehung längst zerstört war, wollte das aber auf keinen Fall einsehen.»

Urlaub ist wie Freizeit meist ein Problem für Menschen mit einer Borderline-Störung. Ihnen fehlt die Fähigkeit, ihrem Leben selbst Struktur zu geben. Im Berufsleben wird die Struktur weitgehend vorgegeben: Es sind Arbeitsaufträge vorhanden; es gilt, ein Ziel zu erreichen; die Zeit ist eingeteilt, festgelegt. In diesem vorgegebenen Rahmen wird weniger Angst und mehr Sicherheit erlebt. Fehlt dieses äußere Raster, verlieren sie leicht die Orientierung.

Wie haben Sie Ihren Urlaub verbracht?
– «Urlaub war immer anstrengend. Wenn ich schon aus meinem Umfeld heraus mußte, wollte ich möglichst in der Nähe bleiben.»
– «Ich habe mir immer viel vorgenommen, aber nichts getan, immer nur rumgegammelt.»
– «Ich habe meine Verwandten besucht. Als ich da war, spielte mein Magen verrückt; ich fühlte mich fehl am Platz und wollte wieder nach Hause.»
– «Obwohl ich jedes Wochenende Hafturlaub bekommen konnte, habe ich selten davon Gebrauch gemacht; im Knast fühlte ich mich irgendwie sicherer.»
– «Urlaub war immer ein Horror. Wenn ich eine Woche mit meiner Frau unterwegs war, habe ich so lange Theater gemacht, bis wir endlich wieder nach Hause fuhren.»
– «Ich war immer froh, wenn ich meine Arbeit wieder hatte, ich fühlte mich dann immer sicherer.»

Das Sexualverhalten von Menschen mit einer Borderline-Störung ist in der Regel gestört: sei es, daß Partner häufig gewechselt, Perversionen ausgelebt werden oder daß die Geschlechtsidentität unklar ist.

Wie erlebten Sie Sexualität?
– «Es war sehr schön. Ich war gerade dreizehn und wechselte die Mädchen häufig, mitunter dreimal in der Woche. Ich glaube, viele standen einfach auf meinen Lebenswandel. Ich knackte Automaten, klaute Autos und hatte immer Geld. Einige Mädchen haben versucht, mich zu ändern und zur Vernunft zu bringen. Von denen löste ich mich immer schnell.»
– «In meiner Kindheit erlebte ich sexuellen Mißbrauch und konnte Sexualverkehr zunächst nur unter Alkoholeinfluß genießen. Später prostituierte ich mich und war völlig exzessiv.»

- «Sexualität lebte ich extrem aus.»
- «Sexualität war von Anfang an schwierig für mich; ich konnte keine Lust empfinden, wußte gar nicht, ob ich Mann oder Frau bin.»

Der übertriebene Gerechtigkeitssinn, das Gefühl, ausgeliefert, von anderen abhängig zu sein, macht es Menschen mit einer Borderline-Störung schwer, sich an die vorgegebenen Abläufe im Behördenalltag anzupassen.

Wie ergeht es Ihnen, wenn Sie einen Antrag an eine Behörde stellen müssen?
- «Es kommt auf die Situation an. Je nachdem, wie mir begegnet wird, reagiere ich. Manchmal sind derbe Dinge passiert. Ich kann die überheblichen Typen überhaupt nicht ausstehen, dann gab es immer Ärger.»
- «Im Amt bekomme ich regelmäßig Wutanfälle. Am schlimmsten war es, wenn ich vertröstet wurde.»
- «Wenn ich im Recht war, zog ich sie regelmäßig über den Tisch. Sonst versuchte ich, Ruhe zu behalten.»
- «Ich kam mit den Sozialarbeitern immer gut aus; ich wußte, wie ich mich verhalten mußte, um möglichst viel rauszuholen.»

Autofahren wird von Menschen mit einer Borderline-Störung oft wie eine Droge benutzt.

Was empfinden Sie beim Autofahren?
- «Ich glaube, daß ich normales Autofahren nicht kenne. Immer habe ich versucht, die Wagen oder Motorräder ‹heiß› zu machen. Manchmal bin ich auf der Landstraße mit 180 km/h auf der linken Seite gefahren. Auch bei Gegenverkehr wich ich nicht aus. Die sollten sehen, wie sie klar kamen. Meine Beifahrer machten regelmäßig in die Hose, ich spürte überhaupt keine Angst. Mit mir wollte nachher niemand mehr fahren. Nachts sind wir auf der Autobahn Motorradrennen mit zwei-

hundertsiebzig Sachen gefahren. Ein kleiner Stein hätte vielleicht schlimme Folgen gehabt. Heute tut mir das verrückte Verhalten irgendwie leid. Wenn ich daran denke, was anderen Menschen dadurch hätte passieren können, würde ich es nicht nochmals tun.»
— «Ich fuhr immer wie eine Wilde, obwohl ich keinen Führerschein besitze.»
— «Vor allem liebe ich große Fahrzeuge, am meisten Lastkraftwagen; sie geben mir immer ein Gefühl von Kraft und Überlegenheit.»
— «Als ich noch im Fernverkehr fuhr, hatte ich eine gute Zeit. Das ständige Unterwegssein kam meiner inneren Ruhelosigkeit entgegen.»
— «Autofahren war eins meiner Suchtmittel; ich fuhr ziellos durch die Gegend, bis ich kein Geld mehr für Benzin hatte.»
— «Beim Autofahren entspannte ich mich; ich fuhr immer schnell und riskant.»

Gefühlsbetonte Familienfeste sind für Menschen mit einer Borderline-Störung nur schwer zu ertragen. Ihre Gefühle finden keine Mitte, sentimentale Stimmungen werden als bedrohlich erlebt (es besteht die Gefahr des Sich-Verlierens), daher werden sie abgespalten, das heißt, nicht gespürt. Statt dessen werden eher Wut- und Haßgefühle mobilisiert mit der Tendenz zu zerstören.

Wie erlebten Sie Weihnachten?
— «Weihnachten hat für mich seinen ursprünglichen Sinn verloren. Es geht nur um Konsum, und wer am meisten konsumieren kann, ist der Größte. Am liebsten würde ich Weihnachten in einer einsamen Berghütte, fern von jedem Rummel erleben.»
— «Weihnachten war immer ätzend für mich. Ich habe regelmäßig für Krach und Streit gesorgt.»
— «Feiern auf Kommando kann ich nicht; war immer froh,

wenn es vorüber war. Außerdem wußte ich an diesen Tagen nicht, was ich mit mir anfangen sollte.»
– «An diesen Tagen habe ich mich immer mit Drogen zugemacht.»

Aspekte der Selbsthilfe

In den letzten Jahren haben sich für Menschen mit einer Borderline-Störung Selbsthilfegruppen gebildet, orientiert am 12-Schritte-Programm der Anonymen Alkoholiker. Dieses spirituelle Programm hat sich bei Suchtkranken als besonders erfolgreich erwiesen. Neben der Gruppe der Anonymen Alkoholiker haben sich auch durch andere Suchtformen Betroffene zu «A-Gruppen» zusammengeschlossen.

Zum Beispiel:

Narcotics Anonymous (NA)	– für Medikamentenabhängige
Gambler Anonymous (GA)	– für Spieler
Emotion Anonymous (EA)	– für Menschen mit Gefühlsproblemen
Overeaters Anonymous (OA)	– für Eßsüchtige
Sexaholics Anonymous (SA)	– für Sexsüchtige

Für Menschen mit einer Borderline-Störung haben sich sogenannte BA-Gruppen gebildet: Borderline-Anonymous.

Es wird – entsprechend den Anonymen Alkoholikern – in zwölf Schritten gearbeitet, die zur seelischen Gesundheit und besonders zu einem spirituellen Erwachen führen sollen. Diese 12 Schritte lauten für die Borderline-Anonymous wie folgt (wobei zu betonen ist, daß es keine autorisierte Interpretation gibt und voraussichtlich auch keine geben wird):

I. Wir gaben zu, daß wir unserer Destruktivität gegenüber machtlos sind und unser Leben nicht mehr meistern konnten.

2. Wir kamen zu dem Glauben, daß nur eine Macht – größer als wir selbst – uns unsere geistige, seelische und körperliche Gesundheit wiedergeben kann.

3. Wir faßten den Entschluß, unseren Willen und unser Leben der Sorge Gottes – wie wir ihn verstanden – anzuvertrauen.

4. Wir machten eine gründliche und furchtlose Inventur in unserem Innern.

5. Wir gaben Gott, uns selbst und einem anderen Menschen die genaue Art unserer destruktiven Verhaltensweisen zu.

6. Wir waren völlig bereit, alle diese destruktiven Verhaltensweisen von Gott beseitigen zu lassen.

7. Demütig baten wir ihn, uns von unseren Mängeln zu befreien.

8. Wir stellten eine Liste aller Personen auf, denen wir Schaden zugefügt hatten, und wurden bereit, ihn bei allen wiedergutzumachen.

9. Wir machten bei diesen Menschen alles wieder gut, wo immer es möglich war, es sei denn, wir hätten dadurch sie oder andere verletzt.

10. Wir setzten die Inventur bei uns fort, und sobald wir einsahen, daß wir unrecht hatten, gaben wir es sofort zu.

11. Wir suchten durch Gebet und Besinnung die bewußte Verbindung zu Gott – wie wir ihn verstanden – zu vertiefen. Wir baten ihn nur, uns seinen Willen erkennbar werden zu lassen und uns die Kraft zu geben, ihn auszuführen.

12. Nachdem wir durch diese Schritte ein spirituelles Erwachen erlebt hatten, versuchten wir, diese Botschaft an andere Menschen mit einer frühen Störung weiterzugeben und unser tägliches Leben nach diesen Grundsätzen auszurichten.

Wie das Programm auf Betroffene wirkt, ist individuell verschieden. Einige Aspekte scheinen mir jedoch wichtig.

Der erste Schritt für Alkoholkranke lautet: «Wir gaben zu, daß wir dem Alkohol gegenüber machtlos sind und unser Leben nicht mehr meistern konnten.» Die Konsequenz, die Süchtige aus dieser Erkenntnis ziehen können, ist die, daß nur ein Leben ohne Alkohol, also völlige Abstinenz, zu einem Stillstand der Krankheit führt. Im «Borderline-Anonymous-Programm» wird der Borderline-Patient darauf aufmerksam gemacht, daß er seiner Destruktivität gegenüber machtlos ist. Angestrebt wird also eine Lebensweise, die beinhaltet, von Destruktion abstinent zu werden und zu bleiben, das heißt, vollständig auf Destruktion zu verzichten. Dies deckt sich mit der Kernaussage des Märchens «Hans mein Igel»: Der Igelpelz, der für das Destruktive steht, muß total verschwinden. Wie bekannt, muß er verbrannt werden, wobei vier Männer darauf achten, daß auch wirklich alles verbrennt.

Die Störung wird also ernst genommen, und der Betroffene lernt, zu ihr zu stehen. Dies ist keine unumstrittene Vorgehensweise. Einige Autoren sind der Meinung, daß dadurch eine Stigmatisierung erfolgt und das Problem sich damit verschlimmere. Dadurch, daß dem Alkoholiker zum Beispiel erklärt werde, daß kontrolliertes Trinken für ihn nicht möglich sei, trete der Kontrollverlust auch folgerichtig ein. Die Annahme, daß es dem Alkoholabhängigen möglich ist, kontrolliertes Trinken zu erlernen, hat sich in der Praxis nicht bewährt. Alle bisherigen Versuche, chronisch Abhängigkeitskranken einen kontrollierten Umgang mit ihrem Suchtmittel zu ermöglichen, schlugen fehl. Auch beim Borderline-Syndrom muß davon ausgegangen werden, daß es sich um eine Störung handelt, die der Betroffene als eine zu ihm gehörende Krankheit – wie eine Behinderung – akzeptieren lernen sollte. Im seelischen Bereich, wo die Behinderungen und Störungen nicht immer unmittelbar erlebt werden, ist es meistens viel schwerer als bei körperlichen Erkrankungen, sich mit unumstößlichen Tatsachen abzufinden; sei es mit einer Suchtkrankheit – die insofern besonders heimtückisch ist, als der Süchtige die Krankheit nicht spürt, wenn er abstinent lebt; die

Krankheitssymptome treten erst wieder bei einem Rückfall auf. So ist auch beim Borderline-Syndrom eine Rückfälligkeit in destruktive Verhaltensweisen möglich, solange die Krankheitseinsicht ungenügend ist. Das 12-Schritte-Programm will zur Akzeptanz der Krankheit verhelfen.

Ein weiterer Schwerpunkt des Programms besteht darin, eine positive Beziehung zu einer höheren Macht aufzubauen. Für Borderline-Patienten ist dies meist eine schwierige Aufgabe. Für Menschen, die ein negatives Selbstbild haben, ist es besonders schwer, ein positives Gottesbild zu entwickeln. Dies kann bei der Bewältigung der alltäglichen Probleme und der persönlichen Weiterentwicklung jedoch enorm hilfreich, wenn nicht sogar unverzichtbar sein. So wie sich das Problem im Märchen «Hans mein Igel» darstellt, ist erkennbar, daß das Vorhandensein eines guten Objektes – in der Regel die Mutter –, mit dem ein vertrauensvoller Umgang möglich gewesen wäre, fehlte (Hans mein Igel durfte wegen seiner Stacheln nicht an der Mutterbrust trinken). Indem ein gutes inneres Bild von etwas «Höherem» aufgebaut wird, verändert sich die Persönlichkeit in eine positive Richtung. Es entsteht ein Gegenpol zum Destruktiven, auf das dann zunehmend verzichtet werden kann.

Schließlich ist die heilende Wirkung einer guten Selbsthilfegruppe zu betonen. Hier kann Lernen am Modell stattfinden, und gesunde Verhaltensweisen können Unterstützung finden. Auch das Unabhängigwerden von professioneller Hilfe ist ein wichtiges Ziel.

Das Borderline-Syndrom

Die sogenannten Frühstörungen (das heißt frühe Störungen in der Persönlichkeitsentwicklung) lassen sich in verschiedene Untergruppen unterteilen. Eine Form der Frühstörung bildet sich im Märchen «Hans mein Igel» ab. Hierfür hat sich als Bezeichnung für ein eigenständiges Krankheitsbild der Begriff *Bor-*

derline-Syndrom etabliert. «Borderline» bedeutet in der deutschen Übersetzung etwa «Grenzzustand» oder «Grenzfall».

Vieles ist bereits durch die Deutung der Bildersprache des Märchens sowie durch die Fallbeispiele deutlich geworden. Im folgenden möchte ich noch einen stark vereinfachten entwicklungspsychologischen Überblick über die Borderline-Persönlichkeitsstörung sowie über therapeutische Möglichkeiten vermitteln. Bei der Darstellung der Störung orientiere ich mich an den systematischen Arbeiten von O. F. Kernberg und C. Rohde-Dachser.

Frühstörungen entstehen in den ersten Lebensjahren. Sie beginnen demnach so früh, daß der Betroffene keine Erinnerung an ihre Entstehung haben kann. Er hat natürlich auch keinen Einfluß darauf, ob sich eine solche Störung entwickelt oder nicht, denn das kleine Kind ist der familiären Situation völlig ausgeliefert. Die psychologische Forschung, insbesondere die tiefenpsychologisch orientierte Entwicklungspsychologie, stellt erklärende Modelle zur Verfügung, die die Entstehung von Störungen beschreiben. Danach sind es besonders bestimmte Mangelerlebnisse, die zu Frühstörungen führen.

In letzter Zeit ist der Versuch, alle Störungen psychologisch verstehen zu wollen und sie auf Defizite in der persönlichen Entwicklungsgeschichte zurückzuführen, von einigen Forschern kritisiert worden. Besonders die Forschung mit eineiigen Zwillingen, die kurz nach der Geburt getrennt wurden und in unterschiedlichen sozialen Umgebungen aufwuchsen, zeigt die Bedeutung von genetischen Dispositionen, das heißt der Erbanlage. Auch im Märchen wird «Hans mein Igel» bereits mit der Igelhaut geboren.

Die Beschreibung von Defiziten in der Entwicklung und die Beschäftigung damit hat jedoch einen wichtigen Vorteil; wenn das, was in der frühen Kindheit fehlte, um eine gesunde, ungestörte Persönlichkeit zu entwickeln – und immer noch fehlt –, wird ersichtlich.

Damit es nicht zu einer Persönlichkeitsstörung kommt, müssen bestimmte innerpsychische Strukturen entwickelt werden. Menschen mit Frühstörungen konnten diese Strukturen nicht oder nur unzureichend entwickeln. Man spricht daher auch von einer *Strukturpathologie*. Die klassischen Neurosen entwickeln sich nach dem tiefenpsychologischen Modell später, das heißt, sie beginnen nach Freud in der ödipalen Phase, wenn das Kind beginnt, sich für den gegengeschlechtlichen Elternteil erotisch zu interessieren. Da Frühstörungen also vor der ödipalen Phase entstehen, spricht man auch von *präödipalen Störungen*.

Ob es sich bei einer seelischen Störung um eine Frühstörung oder um eine neurotische Störung handelt, ist therapeutisch von Bedeutung, da ein unterschiedliches Vorgehen und andere therapeutische Interventionen erforderlich sind. Wird die Borderline-Störung als solche nicht erkannt, kann die Psychotherapie dem Betroffenen nur schwer gerecht werden.

Durch die Beschreibung der *typischen Abwehrmechanismen*, die Borderline-Patienten zur Verfügung stehen, läßt sich die Störung verstehen. Dabei ist zu beachten, daß Abwehrmechanismen letztlich Lebensbewältigungsmechanismen sind, die, wenn sie auch mitunter zu erheblichen Störungen führen, das Zusammenleben überhaupt erst ermöglichen. Im Zustand der Psychose, wo ein an der Realität orientierter zwischenmenschlicher Kontakt nicht oder nur eingeschränkt möglich ist, fehlen Abwehrmechanismen weitestgehend.

Zu beachten ist, daß Borderline-Patienten auch «gesunde» Lebensbewältigungsstrategien entwickelt haben, da sonst Überleben nicht möglich wäre.

Die aktive Spaltung

Was dem Borderline-Patienten nicht zur Verfügung steht, ist das innere Wissen, daß in ein und demselben Menschen sowohl gute, weniger gute wie auch böse Anteile vorhanden sind, und daß er trotz seiner verschiedenen Seiten als eine vollständige Person wahrgenommen werden kann. Borderline-Patienten sehen immer nur die eine Seite, das heißt, sie spalten in «Gut» oder «Böse». Daß ein Mensch auch verschiedene «Farbschattierungen» dazwischen aufweist, ist für sie nicht wahrnehmbar. Aus der Tatsache, daß sie die Welt nur in Extremen erleben können, entwickeln sich verheerende Beziehungsprobleme.

Aus der kindlichen Entwicklung:
Der Säugling erlebt sich in den ersten Wochen noch vollständig eins mit der Mutter und der Welt und erkennt noch kein Gegenüber (Objekt), Lust und Unlust sind die beiden elementaren Gefühle, die er erlebt. Erst in der sogenannten Bindungsphase (etwa 3. bis 6. Lebensmonat) baut er eine Beziehung zur Mutter auf, indem er *aktiv* versucht, eine Symbiose mit ihr herzustellen. Er will sich sicher fühlen, bedarf der bedingungslosen, liebevollen Zuwendung, will am ganzen Körper gestreichelt werden, damit sich seine Tiefensensibilität entwickelt. Aufgabe der Mutter ist es, diese Symbiose zuzulassen, zu ermöglichen und damit die Bedürfnisse des Kindes zu befriedigen. In dieser Zeit erlebt sich das Kind mit der Mutter wie verschmolzen. Es ist noch nicht in der Lage, zwischen eigenen Gefühlen und denen der Mutter zu unterscheiden.

Diese Entwicklungsphase ist von weitreichender Bedeutung, da sich hier der Urgrund für alle zukünftigen Beziehungen bildet. Kann die Mutter die Bedürfnisse des Kindes nicht oder nur unzureichend befriedigen, wird dies Auswirkungen auf alle folgenden Beziehungen haben.

Das frühkindliche Ich ist nicht oder nur mangelhaft in der Lage, «gute» und «böse» Haltungen der Mutter gleichzeitig zu integrieren. Die Teile (Teilobjekte) der Mutter, die eine positive Beziehung gefährden, spaltet das Baby ab. Die Spaltung ist der früheste Abwehrmechanismus, der ihm zur Verfügung steht, um die unangenehmen Gefühle der Unlust zu beseitigen. Ein Bild für die Lust beziehungsweise Unlust erzeugenden Teilobjekte der Mutter sind die «gute» und die «böse» Mutterbrust: Gemeint ist damit, daß die Mutter zum Beispiel ärgerlich, überfordernd, abweisend sein kann (böse Brust) oder liebevolle Zuwendung wie Streicheln und Füttern schenken kann (gute Brust). Durch das Abspalten der Teilobjekte der Mutter, die Unlust verursachen, wird diese nicht mehr gespürt, und damit kann wieder ein unbeschwertes Zusammensein mit der Mutter entstehen. Das Ich schützt sich mittels der Spaltung vor Konflikten, insbesondere vor existentieller Angst, Vernichtungsangst.

Frühe traumatische Erfahrungen, insbesondere wenn die Mutter die emotionalen Bedürfnisse des Säuglings nur ungenügend zu befriedigen vermag (wenn sie ihn zum Beispiel ablehnt, weil sie überfordert ist), verhindern wesentlich die Weiterentwicklung der Persönlichkeit. Es kommt zu einer Fixierung auf diese Entwicklungsstufe, in der andere, reifere Abwehrmechanismen als die Spaltung noch nicht zur Verfügung stehen. Folgerichtig stehen dem Ich in späteren Konfliktsituationen keine reiferen Bewältigungsmechanismen zur Verfügung. Da Borderline-Patienten sich nicht ausreichend mit der Mutter (dem primären Objekt) identifizieren konnten – einen Teil mußten sie abspalten –, gelang es ihnen auch im Verlauf der weiteren Entwicklung nicht, eine ganzheitliche Wahrnehmung aufzubauen. Eine Folge ist, daß sie sich nicht von der Mutter – oder einer entsprechenden Bezugsperson – «verabschieden» konnten. Massive unterschwellige Forderungen nach dem Motto «Du bist mir noch etwas schuldig» blieben bestehen.

Der Spaltungsmechanismus wird normalerweise nur im frühen Stadium der Ichentwicklung verwendet. Beim «gesunden» Menschen wird er bald von anderen, höherentwickelten Abwehrmechanismen abgelöst. In erster Linie ist hier der Abwehrmechanismus der Verdrängung zu nennen. Wird ein Gefühl, eine Verhaltensweise, ein Impuls ins Unbewußte «abgeschoben», vergessen, spricht man von Verdrängung. Das, was verdrängt wurde, steht dem Bewußtsein nicht mehr unmittelbar zur Verfügung. Damit hat der Betreffende erst einmal «für Ruhe gesorgt». Der Unterschied zur aktiven Spaltung besteht in erster Linie darin, daß bei Spaltungsprozessen nichts verlorengeht. Eine Person wird beispielsweise idealisiert (weiß), was bedeutet: Im Moment wird die andere Seite (schwarz) zwar nicht gesehen, wenig später jedoch kann sie Denken, Fühlen und Handeln ausschließlich bestimmen.

Abwehrmechanismen haben eine wichtige Funktion: Sie schützen das Ich vor einem Übermaß an Angst, Scham- und Schuldgefühlen, aber auch vor extremen Wut- und Haßgefühlen. Ohne Abwehrmechanismen, insbesondere ohne dem der Verdrängung, wird das Ich von solchen Gefühlen überschwemmt. Mit Hilfe der Abwehrmechanismen schützt sich das Ich vor dem inneren Chaos. Dafür zahlt es den Preis eines mehr oder weniger ausgeprägten Realitätsverlustes, insofern durch die Verdrängung gewisse Wahrnehmungen dem Bewußtsein nicht mehr zugänglich sind. Der Abwehrmechanismus der Verdrängung ist trotz seiner Nachteile für die Ichentwicklung von großer Bedeutung. Wie ein Schleier schützt er vor Reizüberflutung und macht Anpassung an die gegebenen Umstände möglich (die in einer extremen Form zur Überanpassung führen kann, die sich dann schädlich auswirkt).

Borderline-Patienten steht, wie erwähnt, der Abwehrmechanismus der Verdrängung (um zum Beispiel negative Gefühle ins Unbewußte «abzuschieben», zu vergessen) nicht oder nur ungenügend zur Verfügung. Sie sind auf den frühen Abwehrmechanismus der Spaltung (einen Teil der Wahrnehmung momentan «ausblenden») angewiesen. Dieses *Nichtverdrängenkönnen* erklärt das innere Chaos, welches diese Menschen in sich selbst erleben müssen. Sie haben nur einen ungenügenden Schutz vor Reizüberflutung, daher die große Kränkbarkeit. Haßgefühle bleiben zum Beispiel immer gegenwärtig und werden aktiviert, wenn das Gegenüber nicht als vollständig gut wahrgenommen wird; Feindschaft ist unerbittlich und entsteht auf dem Hintergrund geringster Kränkungen; aber auch «positive» Gefühle wie Zuneigung und Mitgefühl werden so extrem, daß sie bedrohlich wirken, darauf werde ich noch zurückkommen.

Primitive Idealisierung (frühe Form der Idealisierung)

Ein für Borderline-Patienten typischer Abwehrmechanismus, der mit der Spaltung in engem Zusammenhang steht, ist die primitive Idealisierung. In einer frühen Phase der kindlichen Entwicklung ist Idealisierung ein normaler Vorgang. Das Kind idealisiert zum Beispiel die Mutter als jemanden, der vollkommen, allmächtig und allwissend ist. Wenn es sich in ihrer Nähe weiß, kann es sein Sicherheitsgefühl steigern und sich gegen eine unübersehbare, gefährliche Welt schützen. Auch dieser Schutzmechanismus, der wie die Spaltung in der frühen Phase der Entwicklung notwendig ist, wird bei Borderline-Patienten nicht durch reifere Abwehrmechanismen, die mehr Autonomie erlauben und einen besseren Realitätsbezug ermöglichen, ersetzt. Sie suchen daher immer wieder Personen, die sie idealisieren können, mit dem Ziel, an deren Allmacht teilzuhaben. Die negativen Aspekte, die in jedem Menschen auch vorhanden sind, werden negiert. Der idealisierte Mensch kann gegen eine böse Welt Schutz bieten und wird deshalb auch gegen Angriffe von außen verteidigt. Dabei erfährt die idealisierte Person keine wirkliche Wertschätzung, sondern sie dient nur dazu, das eigene Sicherheitsgefühl zu steigern.

Meist wird der Therapeut Opfer der primitiven Idealisierung. Wenn die therapeutische Beziehung an Reife gewinnt und der Therapeut zunehmend realistischer, als «normaler» Mensch wahrgenommen wird – mit Stärken und Schwächen – wird die Idealisierung allmählich abgebaut. Die Auseinandersetzung mit der Tatsache, daß der Therapeut auch Schattenseiten hat, erfordert Trauerarbeit. Das Zulassen von Trauer ist, wie wir bereits festgestellt haben, für Borderline-Patienten mit Angst und Unsicherheit verbunden.

Projektive Identifikation

Borderline-Patienten erfahren durch innere Prozesse heftige, archaische, bedrohliche Gefühle wie tiefe Wertlosigkeit in Form von Wut und Haß auf sich selbst, Vernichtungsängste, Selbstablehnung usw. Diese mitunter extrem quälenden Zustände veranlassen den Betroffenen, nach Linderung zu suchen. Die einfachste Form der (Schein-)Bewältigung besteht darin, mittels irgendwelcher Betäubungsmittel eine Erleichterung herbeizuführen. Eine andere Möglichkeit, diese inneren Vorgänge zu bewältigen, ist, sie in einen anderen Menschen «hineinzuprojizieren». Am anderen werden dann eben diese Eigenschaften erlebt, und damit können sie im Gegenüber bekämpft werden, der innere Konflikt wird außen ausgetragen.

Eine Konfliktlösung, die nur in ihrem Innern stattfindet (intrapsychische Konfliktlösung), ist diesen Patienten nicht möglich, die Störung muß immer im Gegenüber entfaltet werden, so wie auch das Über-Ich außen erlebt wird. Um mit ihren destruktiven Gefühlen fertigzuwerden, suchen daher Borderline-Patienten immer wieder Menschen, mit denen sie eine engere Beziehung eingehen können (oberflächlichere, eher gleichgültigere Beziehungen eignen sich hierfür nicht). Die innere Pathologie wird dann mit allen zur Verfügung stehenden Mitteln im Gegenüber entfaltet. Dies geschieht zum Beispiel durch Unterstellungen, Behauptungen, überspitzte Deutungen («Sie haben mich gestern nicht gegrüßt, ich weiß, daß Sie mich ablehnen!»); sie stellen übertriebene Forderungen, denen nicht nachgegeben werden kann, interpretieren dies dann aber als Zurückweisung oder ähnliches.

Das Repertoire der Borderline-Patienten – damit die projektive Identifikation stattfinden kann – ist meist sehr umfangreich. Borderline-Patienten sind daher für ihr Gegenüber bedrohlich, radikal in ihren Forderungen und zwingen zur Reaktion. Sie bringen ihr Gegenüber durch subtile Manipulation dazu, so zu denken, fühlen und handeln, wie es ihren inneren Annahmen und Behauptungen entspricht. Bei einer negativen projektiven Identifikation projizieren sie in ihr Gegenüber einen verfolgenden, rachsüchtigen Menschen, den es zu vernichten gilt, bevor sie selbst vernichtet werden. Auch geht es ihnen darum, die Kontrolle über den anderen zu behalten, um so ihr Sicherheitsgefühl zu erhalten.

Der tiefere Hintergrund ist Angst, zerstört, vernichtet zu werden; eine existentielle Angst, wie sie der Säugling erlebt, dessen Erfahrungen noch von Sein oder Nichtsein geprägt sind.

Die Verleugnung

Ein anderer Abwehrmechanismus, der ebenfalls eng mit dem Spaltungsvorgang zusammenhängt, ist die Verleugnung. Dabei handelt es sich um das *Nichtwahrhabenwollen* von Gefühlen. So kann sich ein Patient durchaus darüber im klaren sein, daß alles, was er über einen Menschen im Augenblick denkt, fühlt und glaubt, in einem völligen Widerspruch zu dem steht, was er zu einem anderen Zeitpunkt dachte, fühlte oder glaubte. Das Wissen um diesen Widerspruch hat keine emotionale Relevanz, das Gefühl wird verleugnet.

Um dies an einem Beispiel deutlich zu machen: Ein Borderline-Patient wertet einen Mitpatienten drastisch ab. Er beschimpft ihn und macht deutlich, daß er seinen größten Widersacher und Feind gefunden hat. Der Therapeut macht ihn darauf aufmerksam, daß der gerade gnadenlos Abgewertete am Vortag von ihm selbst in höchsten Tönen gelobt wurde und als der einzig Vertrauenswürdige in der Gruppe galt. Diese *Tatsache* wird von dem Patienten nicht verleugnet, er sieht durchaus, daß das gestern noch genau so war, wie vom Therapeuten beschrieben, aber es ist nicht von Bedeutung, *das Gefühl* wird verleugnet. Bei einer ganzheitlichen Wahrnehmung müßte er auch erkennen, daß er sich geirrt hat, was Schuld-, Scham- oder Angstgefühle zur Folge haben könnte, und daß er selbst auch eigene Anteile am Konflikt hat oder haben könnte. Der Borderline-Patient sieht meist durchaus den Widerspruch, der jedoch überhaupt keinen Einfluß auf seine momentanen Gefühle hat.

Besonders gefährlich ist die Verleugnung im Zusammenhang mit riskanten Situationen. Werden Angstgefühle verleugnet, die normalerweise eine Schutzfunktion haben, entsteht eine Selbstgefährdung durch Tollkühnheit.

Weitere Kennzeichen der Persönlichkeitsstörung

Auf dem Hintergrund der geschilderten frühen Störung können Borderline-Patienten kein konstantes, umfassendes Bild von sich selbst (integriertes Selbstkonzept) entwickeln – da sowohl ihr Selbstbild unrealistisch ist als auch das Bild von anderen (Fremdbild) – und damit auch keine stabile Identität.

Auffällig ist der häufige Wechsel der Stimmungen, Symptome und möglichen Beschwerden. Die Unterscheidung zwischen Vorstellung und Wirklichkeit ist unscharf, so daß oft Verwirrung in der Kommunikation entsteht: Was ist real, was ist Fantasie? Typisch ist auch der häufige Verlust der Impulskontrolle, nicht nur über Aggressionen, sondern zum Beispiel auch über Essen, Sexualität, Autofahren und Geldausgeben.

Im Zusammenhang mit kritischen Lebenssituationen können kurzfristige psychotische Episoden auftreten, ohne daß eine eigentliche psychotische Erkrankung vorliegt. Solche psychotische Episoden dauern Stunden oder wenige Tage.

Borderline und Beziehung

Das einzig Stabile der Borderline-Patienten ist die Instabilität in Beziehungen. Borderline-Patienten können aus den oben beschriebenen Gründen andere Menschen nur ungenügend realistisch einschätzen. Vor allem fehlt die Möglichkeit, echte Anteilnahme und Schuldgefühle zu entwickeln. Dadurch bleiben Beziehungen einseitig auf die Bedürfnisse des Borderline-Patienten konzentriert. Es entsteht nicht selten eine maßlose Ansprüchlichkeit und Rücksichtslosigkeit. Andere Menschen werden für die Befriedigung eigener Bedürfnisse instrumentalisiert und manipuliert. Diese Manipulationen stehen mitunter im Dienst der Abwehr wahnhafter Ängste. Das Gegenüber soll beherrscht werden, damit die projizierten aggressiven psychischen Inhalte kontrolliert werden können. Gelingt die Beherrschung des Partners nicht, wird die Beziehung beendet, und der Patient zieht sich in Allmachtsfantasien und blinden Optimismus zurück, während das Gegenüber rücksichtslos entwertet wird.

Das innere Chaos drückt sich natürlich ebenso im sozialen Raum aus: Konflikte mit Vorgesetzten und Arbeitgebern sind häufig; daher werden Ausbildungen abgebrochen, Arbeitsstellen häufig gewechselt.

Mit messerscharfer Präzision sind Borderline-Patienten in der Lage, sich in ihr Gegenüber einzufühlen. Mitunter entwickeln sie hierbei fast paranormale Fähigkeiten. Wie oben beschrieben erleben sich die Patienten mit der anderen Person wie verschmolzen und bekommen zwangsläufig deren Gefühle, Haltungen und sogar deren unbewußte Strebungen mit. Ausgerüstet mit diesen Fähigkeiten sind sie häufig überlegen und eine reale Bedrohung für die Autonomie ihres Gegenübers, das sich durchschaut fühlt, auch in den Gefühlen, die es eigentlich nicht zeigen will.

Der Borderline-Patient sehnt sich nach einer stabilen Beziehung, ist zu Kontinuität in Beziehungen jedoch nicht in der Lage. Da es für ihn nur «Gut» und «Böse» gibt, nimmt er sein Gegenüber nur in Teilaspekten wahr und nicht als vollständige Person. Entweder liebt oder haßt er einen Menschen; und dies kann innerhalb kurzer Zeit von einem Extrem zum anderen wechseln. Somit wird es eine konstante, ausgeglichene Beziehung nicht geben.

Eine besondere Schwierigkeit in Beziehungen besteht darin, daß positive Zuwendung und Nähe von Borderline-Patienten zwar gesucht, aber nur bis zu einem bestimmten Grad als positiv erlebt werden. Sehr bald fürchtet der Patient, seine persönliche Freiheit zu verlieren. Er fühlt sich gefangen und glaubt, sein Ich, seine Identität zu verlieren. Das typische Borderline-Spiel wird in

Szene gesetzt: Eben wurde der Partner noch idealisiert, nun erfolgt eine gnadenlose Abwertung mit dem Ziel, Distanz zu schaffen.

Das Ergebnis der Abwertung ist die Herstellung einer Scheinautonomie. Der Borderline-Patient hat zwar Distanz geschaffen, muß jedoch jetzt Beziehungsverlust befürchten. Er fühlt sich verlassen und muß unter allen Umständen vermeiden, daß er die Beziehung verliert. Da er Verlassenwerden wie psychischen und physischen Tod erlebt und naturgemäß große Ängste damit verbunden sind, wird er alles tun, um den Beziehungsverlust zu vermeiden. Der Teufelskreis schließt sich mit der erneut notwendig werdenden Idealisierung.

Das Sexualverhalten dieser Patienten ist meist gestört. Promiskuität, Prostitution, Perversionen, Sexsucht und zwanghaftes Onanieren sind zu beobachten. Viele dieser Patienten erlebten in ihrer Vorgeschichte sexuellen Mißbrauch.

Borderline und Sucht

Viele Borderline-Patienten sind suchtkrank, und zwar sind sie meist von mehreren Suchtmitteln wie Alkohol, Medikamenten und Drogen abhängig. Man spricht in diesem Fall von polyvalenter Abhängigkeit. Borderline-Patienten bevorzugen Drogen, die eine eher dämpfende Wirkung haben, wie zum Beispiel Heroin, Alkohol, Barbiturate. Seltener werden Halluzinogene (LSD) mißbraucht, da diese eine Entgrenzung der ohnehin schwachen Ichgrenzen fördern, was zu Horrortrips führen kann.

Borderline-Patienten sind nicht selten auch abhängig von sogenannten nicht stoffgebundenen Süchten. Hier sind Eß-, Magersucht und Bulimie (zwanghaftes Essen und Erbrechen) zu finden, aber auch Spielsucht, Sexsucht, Arbeitssucht usw.

Eine psychotherapeutische Behandlung ist nur dann sinnvoll, wenn der Patient abstinent lebt, bezüglich seiner Sucht krankheitseinsichtig ist und über eine stabile Abstinenzmotivation verfügt.

Zur Therapie des Borderline-Syndroms

Im folgenden möchte ich in Form eines kurzen Überblicks die Psychotherapie des Borderline-Syndroms beschreiben. Ich stütze mich dabei im wesentlichen auf M. Wernado.

Die stationäre Therapie, die zuerst durchgeführt werden sollte, hat die Aufgabe, den Patienten auf die nachfolgende ambulante Therapie vorzubereiten. Meistens sind Borderline-Patienten erst nach einer stationären Therapie in der Lage, ein tragfähiges Arbeitsbündnis mit einem Therapeuten einzugehen, der eine ambulante Therapie durchführt. Wenn bestimmte Lebenssituationen nicht bewältigt werden können, ist eventuell ein erneuter Klinikaufenthalt erforderlich (Intervalltherapie).

Borderline-Patienten sind immer ausgesprochene Problempatienten. Dies erklärt sich in erster Linie durch den Einsatz der oben beschriebenen Abwehrmechanismen, die diese Patienten auf dem Hintergrund der frühen Störung einsetzen. Da sie das innere Chaos externalisieren, das heißt in die therapeutische Gemeinschaft hinein entfalten, ist mit Tumult, Verwirrung, Konfusion, Panik und ähnlichem zu rechnen. Die Patienten sind distanzlos, «ansprüchlich» und bei einer niedrigen Frustrationstoleranz extrem leicht kränkbar. Kränkungen führen zu tiefen Verstimmungszuständen, die mitunter mehrere Tage andauern.

Die therapeutische Beziehung eignet sich besonders dazu, das borderline-typische Beziehungsmuster zu installieren. So versuchen diese Patienten, mit dem Therapeuten eine symbiotische Beziehung herzustellen. Über die Idealisierung wird oft zu Beginn der Behandlung der Therapeut als Retter auserkoren. Dabei ist er nicht wirklich als Person gemeint, sondern er soll vor einer «bösen» Welt schützen. Damit hat er eine Funktion bekommen, der er gerecht zu werden hat. Im Hintergrund bleibt beim Patienten intensives Mißtrauen. Er hat Angst, seine Autonomie zu verlieren, da er glaubt, daß er sich dem Therapeuten zu unterwerfen habe. Die frühe pathologische Beziehung zur Mutter oder zu den entsprechenden Bezugspersonen wird wiederholt. Der

Patient versucht zunächst, diese negativen Übertragungsgefühle in Schach zu halten, um die idealisierte Beziehung aufrechtzuerhalten.

Aber schon bald wird er beginnen, seine tiefen Befürchtungen in den Therapeuten hineinzuprojizieren. Vereinfacht: Er wird dem Therapeuten unterstellen, daß er vorhabe, ihn in seinen persönlichen Freiheiten einzuschränken. Der Patient erlebt dies in seiner frühgestörten, extremen Art so, als solle er vernichtet werden. Er wird zunächst nicht anders reagieren können, als sich vom Therapeuten zu distanzieren. Dies geschieht mit der gleichen Vehemenz, mit der zuvor die Idealisierung stattgefunden hat. Es werden archaische Wut- und Haßgefühle aktiviert, mit denen der Therapeut bekämpft wird. Plötzlich ist der Therapeut Opfer und der Patient Verfolger.

Hier ist der Therapeut nicht selten mit seinem Rollenverständnis konfrontiert: Hat er zum Beispiel dem Patienten gegenüber aggressive, ablehnende Gefühle, paßt dies nicht zu einer alles akzeptierenden und verständnisvollen Helferhaltung. Borderline-Patienten kränken den Therapeuten nicht selten empfindlich, so daß unerfahrene Therapeuten leicht ihre innere Sicherheit und Autonomie verlieren. Werden aggressive, archaische Imagines auf den Therapeuten projiziert, besteht die Gefahr, daß dieser sich dem bedrohlich wirkenden Patienten unterwirft und eine therapeutische Entwicklung damit zunichte macht. Eine andere Therapeutenreaktion besteht darin, daß man sich des aggressiven Patienten mit formalen Mitteln entledigt. Zum Beispiel paßt er dann nicht in das therapeutische Setting, eine andere Institution ist für den tief gestörten Patienten besser geeignet. Der Patient wird entweder zum Therapieabbruch veranlaßt oder aus irgendwelchen Gründen entlassen. In diesem Falle hat sich das Drama wiederholt. Der Patient wird erneut zurückgewiesen und folgt seinem Stigma.

Es ist ein übliches Verhalten von Borderline-Patienten, daß sie den Therapeuten auf seine Verläßlichkeit testen und ihn diesbezüglich auch provozieren. Nur die Unerschütterlichkeit in der

Haltung des Therapeuten, seine Bereitschaft, auch Fehler einzugestehen, sich mit eigenen Wut- und Haßgefühlen auseinanderzusetzen, können dem Patienten helfen, die Spaltung zwischen «nur Gut» und «nur Böse» aufzulösen und den Therapeuten als «normalen» Menschen zu erleben, der auch Schwächen haben darf. Immer wieder wird der Therapeut dem Patienten mitteilen, welche Gefühle (Gegenübertragungsgefühle) er bei ihm mit seinem Verhalten auslöst. Damit wird der Realitätsbezug des Patienten gefördert. Besonders in der Anfangsphase der Therapie erleben sich Borderline-Patienten als Mittelpunkt der Welt und realisieren wenig, daß andere Menschen verletzlich und kränkbar sind.

Die typische Beziehungsgestaltung, wie sie zwischen Therapeut und Patient stattfindet, muß immer wieder bearbeitet und besprochen werden. Hervorzuheben ist, daß der Therapeut beharrlich daran festhalten muß, daß der Patient fähig ist, seinen Haß zu überwinden.

Mitunter wird der Patient seine Anpassung an das System, in dem die Therapie stattfindet, als Therapiefortschritt werten. Er funktioniert ohne Reibungsverluste, ohne daß seine inneren Schwierigkeiten auftreten. Damit sind sie der therapeutischen Bearbeitung entzogen. (Wo sind die Wut- und Haßgefühle geblieben?) Natürlich werden sich die destruktiven Triebkanäle nach der Entlassung aus der Therapie wieder öffnen. Rückfälle lassen sich so nachvollziehen. Der Therapeut hat die Aufgabe, den Patienten dabei zu unterstützen, daß er sich seinen Gefühlen stellt, insbesondere den Affekten, denen er sich bisher verweigerte.

Borderline-Patienten haben häufig eine Fülle sozialer Probleme (Schulden, Ausbildungs- und Arbeitsplatzprobleme, Integrationsprobleme), die angemessen bewältigt werden müssen. Nach der stationären Therapie ist daher oft eine Übergangseinrichtung erforderlich, die neben psychotherapeutischen und sozialtherapeutischen Angeboten eine schrittweise Integration in den Arbeitsprozeß ermöglicht. Auch das Einüben einer eigenständigen und selbstverantwortlichen Lebensführung sowie die schrittweise Lösung von institutioneller Hilfe können hier stattfinden.

Im folgenden möchte ich allgemeine Behandlungsprinzipien aufstellen:

– Das grundlegende Ziel ist: Die Therapie soll dem Patienten vom Chaos zur Struktur verhelfen.

– Es ist eine klare therapeutische Struktur zu formulieren, in der die Regeln beschrieben sind, die den Verhaltensspielraum beschreiben, in der aber auch die Grenzen aufgezeigt werden.

– Der Patient sollte ausführlich über seine Störung informiert werden. Dabei sollte deutlich werden, daß er größere Anstrengungen auf sich nehmen muß als weniger Gestörte.

– Die Therapie sollte antiregressiv sein, das heißt im Hier und Jetzt ihren Aufmerksamkeitsschwerpunkt finden (im Gegensatz zur Psychotherapie der Neurosen).

– Typische Übertragungskonflikte sind zu bearbeiten, das heißt: Spaltungsmechanismen, projektive Identifizierungen und primitive Idealisierungen sollen erkannt und konfrontiert werden.

– Konfliktsituationen werden auf ihre realistischen Problemlösungen hin untersucht, zum Beispiel auf Verzicht von Gewalt und Gewaltandrohung.

– Selbstschädigendes Verhalten wie Schnippeln, Selbstverletzung muß unterbunden werden.

– Der Realitätsbezug des Patienten soll stabilisiert werden, damit er auf unrealistische Fantasien verzichten kann. (Patienten ziehen sich mitunter in Tagträume, Omnipotenz- und Allmachtsfantasien zurück.)

- Die Ichfunktionen sollten verbessert und untermauert werden. Insbesondere soll die Fähigkeit, «Unlust» zu ertragen, gesteigert werden.

- Der Mut zum Widerspruch sollte gefördert werden, damit negative Introjekte Ausdruck finden. Nur wenn diese geäußert werden, ist eine angemessene Bearbeitung und Korrektur möglich.

- Nicht die destruktiven Eigenschaften sind zu betonen, sondern die vorhandenen positiven sollen unterstützt werden.

- Die Therapie soll Trauerarbeit ermöglichen, zum Beispiel in Abschiedsszenen.

- Der Patient sollte nicht als liebesunfähig angesehen werden, sondern es sollte die Unfähigkeit gesehen werden, ein Zuviel an Zuneigung an den Adressaten zu bringen.

Therapiemotivation und Therapiefähigkeit werden nicht zuletzt daran deutlich, ob ein Patient sich an die vereinbarten therapeutischen Verträge hält beziehungsweise halten kann.

Die Diagnose der Borderline-Persönlichkeitsstörung

Zwischenzeitlich ist die Borderline-Störung als eine von anderen Persönlichkeitsstörungen abgrenzbare Krankheit allgemein akzeptiert. Weitgehende Einigkeit besteht darin, welche Verhaltensmerkmale im Zusammenhang mit einer Borderline-Störung zu beobachten sind. Die Kriterien sind im sogenannten *DSM-III-R* zusammengestellt (S. 419 f.):

Ein durchgängiges Muster von Instabilität im Bereich der Stimmung, der zwischenmenschlichen Beziehungen und des Selbstbildes. Der Beginn liegt im frühen Erwachsenenalter, und die Störung manifestiert sich in den verschiedensten Lebensberei-

161

chen. *Mindestens fünf der folgenden Kriterien müssen erfüllt sein:*

(1) *Ein Muster von instabilen, aber intensiven zwischenmenschlichen Beziehungen, das sich durch einen Wechsel zwischen den beiden Extremen der Überidealisierung und Abwertung auszeichnet;*

(2) *Impulsivität bei mindestens zwei potentiell selbstschädigenden Aktivitäten, z. B. Geldausgeben, Sexualität, Substanzmißbrauch, Ladendiebstahl, rücksichtsloses Fahren und Freßanfälle (außer Suizid oder Selbstverstümmelung, siehe dazu [5]);*

(3) *Instabilität im affektiven Bereich, z. B. ausgeprägte Stimmungsänderungen von der Grundstimmung zu Depression, Reizbarkeit oder Angst, wobei diese Zustände gewöhnlich einige Stunden oder, in seltenen Fällen, länger als einige Tage andauern;*

(4) *Übermäßige, starke Wut oder Unfähigkeit, die Wut zu kontrollieren, z. B. häufige Wutausbrüche, andauernde Wut oder Prügeleien;*

(5) *Wiederholte Suiziddrohungen, -andeutungen oder -versuche oder andere selbstverstümmelnde Verhaltensweisen;*

(6) *Ausgeprägte und andauernde Identitätsstörung, die sich in Form von Unsicherheit in mindestens zwei der folgenden Lebensbereiche manifestiert: dem Selbstbild, der sexuellen Orientierung, den langfristigen Zielen oder Berufswünschen, in der Art der Freunde oder Partner oder in den persönlichen Wertvorstellungen;*

(7) *Chronisches Gefühl der Leere oder Langeweile;*

(8) *Verzweifeltes Bemühen, ein reales oder imaginäres Alleinsein zu verhindern (außer Suizid oder Selbstverstümmelung, siehe dazu [5]).*

Schlußbemerkung

Es bleibt die Frage, ob es richtig ist, einen Menschen darüber aufzuklären, daß er eine Frühstörung erleben mußte. Das Etikett «Borderline-Syndrom» wird er sich mit Sicherheit nicht gerne zuweisen lassen, und es wird die Frage aufgeworfen, ob dadurch nicht eine Stigmatisierung erfolgt und alles noch chaotischer und unberechenbarer wird.

Wir glauben jedoch, daß das Recht auf Aufklärung höherwertig ist, zumal das Verständnis der Störung für die Genesung von Borderline-Patienten von Bedeutung ist. Der Vergleich mit der Suchtkrankheit liegt nahe. Auch Sucht ist erst in den letzten Jahrzehnten als Krankheit allgemein anerkannt. Der Betroffene soll krankheitseinsichtig werden, bedarf daher einer umfangreichen Information und ist erst in der Lage, mit der Krankheit zu leben, wenn er sie kennt. Ähnliches darf für die Borderline-Störung reklamiert werden. Diese Patienten müssen wissen, daß es eine schwere Störung in ihrer Lebensgeschichte gab, und was diese Störung bewirkt. Dies ist kein Freibrief für weiteres Chaos und Destruktion, sondern soll eine neue Perspektive eröffnen: Der Betroffene soll sich selbst besser verstehen und vorhandene Therapiemöglichkeiten effektiver nutzen können.

Die Borderline-Störung wurde in den letzten Jahren besser erforscht, so daß auch die psychotherapeutischen Möglichkeiten präziser werden konnten, wenn auch zu übertriebenem Optimismus bei schweren Störungen keine Veranlassung besteht.

Wer das Syndrom kennt, kann täglich hinter vielen Sensationsmeldungen in der Presse bezüglich Eifersucht, Suizid, Mord und weiteren Gewalthandlungen eine Borderline-Störung erkennen oder vermuten. Längst nicht alle Betroffenen werden straffällig, doch unter den Straffälligen (irgendwelcher Strafbestände) gibt es überdurchschnittlich viele Borderline-Patienten. In den Gefängnissen sind sie zahlreich, doch sind sie durch lange Haftstrafen oft nicht zu bessern. Menschen mit Frühstörungen sind von Anfang an mit einer schweren Bürde belastet, und so dürfte deutlich geworden sein, daß das Destruktive nicht als Schuld im herkömmlichen Sinne zu verstehen ist. Eine allgemeine gesellschaftliche Aufklärung über Frühstörungen ist wünschenswert, auch um Borderline-Patienten mehr angemessene Hilfsangebote zur Verfügung zu stellen. Schließlich bleibt in Anbetracht der Tatsache, daß diese Störung immer häufiger auftritt, die Frage nach der Prävention.

Literatur

Diagnostisches und Statistisches Manual psychischer Störungen: DSM-III-R. Deutsche Bearbeitung von H.-U. Wittchen u. a. der 3. revidierten Auflage des *Diagnostic and Statistical Manual of Mental Disorders DSM-III-R* von 1987. Beltz: Weinheim 1989.

Chopich, E., Paul, M.: *Aussöhnung mit dem inneren Kind. Diagramme.* Bauer: Freiburg i. Br. 1993.

Die lasterhaften Balladen und Lieder des François Villon. Nachdichtung von Paul Zech. © Elisabeth Wirrich-Zech, c/o Deutscher Taschenbuch Verlag: München.

Drewermann, E.: *Tiefenpsychologie und Exegese, Bd. 1, Die Wahrheit der Formen. Traum, Mythos, Märchen.* Walter: Olten 1984.

Frankl, E. V.: *Ärztliche Seelsorge. Grundlagen der Logotherapie und Existenzanalyse.* Fischer: Frankfurt a. M. 1985.

Gibran, K.: *Der Prophet.* Walter: Olten 1984.

Brüder Grimm: *Kinder- und Hausmärchen.* Insel: Frankfurt a. M. 1984.

Kernberg, O. F.: *Borderline-Störungen und pathologischer Narzißmus.* Suhrkamp: Frankfurt a. M. 1983.

König, K.: *Kleine psychoanalytische Charakterkunde.* Vandenhoeck & Ruprecht: Göttingen 1992.

Krystal, P.: *Die inneren Fesseln sprengen. Befreiung von falschen Sicherheiten.* Walter: Olten 1989.

Mahler, M. S.; Pine, F.; Bergmann, A.: *Die psychische Geburt des Menschen. Symbiose und Individuation.* Fischer: Frankfurt a. M. 1978.

Rogoll, R.: *Nimm dich, wie du bist.* Wie man mit sich einig werden kann. Herder: Freiburg i. Br. 1991.

Rohde-Dachser, C.: *Das Borderline-Syndrom.* Huber: Bern, 4. Auflage 1989.

Satir, V.: *Selbstwert und Kommunikation.* J. Pfeiffer: München, [11]1993.

Stauss, K.: *Neue Konzepte zum Borderline-Syndrom. Stationäre Behandlung nach den Methoden der Transaktionsanalyse. Das Grönenbacher Modell.* Junfermann: Paderborn 1994.

Tillich, P.: *Der Mut zum Sein.* Steingrüben 1954.

Wernado, M.: «Präödipale Störungen und Abhängigkeitserkrankungen in der stationären Behandlung», in Bilitza, K. W. (Hg.): *Suchttherapie und Sozialtherapie.* Vandenhoeck & Ruprecht: Göttingen 1994.

Wilber, K.: *Wege zum Selbst. Östliche und westliche Ansätze zu persönlichem Wachstum.* Kösel: München 1984.

Nathan Schwartz-Salant
Die Borderline-Persönlichkeit
Vom Leben im Zwischenreich
368 Seiten, Broschur

Erstmals eine umfaßende Abhandlung zur Borderline-Störung von einem analytischen Psychologen: eine Darstellung des Krankheitsbildes und der Therapie unter Berücksichtigung der Gedanken C. G. Jungs. Mit vielen einfühlsamen und verständlich geschriebenen Fallbeispielen.

Cordula Keppler
Bulimie
Wenn Nahrung und Körper die Mutter ersetzen
176 Seiten, Broschur

Die Bulimie ist eine Krankheit des ganzen Menschen. Cordula Keppler deckt die große seelische Not auf, die dahintersteckt, und führt Betroffene und Angehörige, aber auch Fachleute anhand der Psychologie von C. G. Jung in die Hintergründe der bulimischen Symptomatik und deren Heilungsmöglichkeiten ein.

WALTER-VERLAG